Raphaela Hofmann

Was Sie schon immer über Weihnachten wissen wollten

Raphaela Hofmann

Was Sie schon immer über Weihnachten wissen wollten

Interessantes und Unterhaltsames über Traditionen und Bräuche

Bloggingbooks

Impressum / Imprint
Bibliografische Information der Deutschen Nationalbibliothek: Die Deutsche Nationalbibliothek verzeichnet diese Publikation in der Deutschen Nationalbibliografie; detaillierte bibliografische Daten sind im Internet über http://dnb.d-nb.de abrufbar.

Bibliographic information published by the Deutsche Nationalbibliothek: The Deutsche Nationalbibliothek lists this publication in the Deutsche Nationalbibliografie; detailed bibliographic data are available in the Internet at http://dnb.d-nb.de.

Coverbild / Cover image: www.ingimage.com

Verlag / Publisher:
Bloggingbooks
ist ein Imprint der / is a trademark of
AV Akademikerverlag GmbH & Co. KG
Heinrich-Böcking-Str. 6-8, 66121 Saarbrücken, Deutschland / Germany
Email: info@bloggingbooks.de

Herstellung: siehe letzte Seite /
Printed at: see last page
ISBN: 978-3-8417-7081-3

Für alle plätzchenliebenden Enkel – egal wie alt sie sind

Inhalt

Warum ich ein Buch über Weihnachten schreibe...

Liebe Leser,

ich bekenne, ich bin ein Weihnachtsfan. Schon als ich noch ein kleines Kind war, konnte ich es Monate vor dem Weihnachtsfest kaum noch aushalten. Wenn im September die ersten weihnachtlichen Süßigkeiten in den Regalen lagen, gab es für mich kein Halten mehr. Ich erinnere mich noch sehr gut daran, wie ich im Herbst immer an unserem Fenster im Wohnzimmer stand und mir die Wolken im Himmel ansah, die sich durch den tiefen Sonnenstand rosa färbten. Meine Mutter sagte dann immer „Das sind die Engel, die schon für Weihnachten backen.“. Backen war für mich dann auch das größte, ob mit meiner Mutter oder mit meiner Großmutter, die praktischerweise direkt unter uns wohnte und die besten Kekse der Welt buk.

Von morgens bis abends standen wir in der Küche und haben gebacken und das ganze Haus roch nach Keksen. Wenn dann irgendwann mein Vater in die Küche kam, schnupperte er einmal kurz und griff dann ohne hinzusehen auf Omas Küchenschrank, auf dem immer eine Dose Plätzchen deponiert wurde. Der Rest wurde weggeräumt – für Weihnachten.

In der Schule ging es dann natürlich auch los. Wir durften Weihnachtsgedecke mit Kerzen mitbringen (was darin endete, dass ein Junge sich beinahe selbst angezündet hätte), wir haben Weihnachtslieder gelernt, Geschenke gebastelt und den Nikolaus besucht. Am Heiligen Abend ging es dann runter zur Oma, während Mama dem Christkind dabei half, die Geschenke unter den Weihnachtsbaum zu legen. Den Christbaum hatten wir vorher festlich geschmückt. Obwohl das Christkind eigentlich ein Säugling mit Heiligenschein ist, habe ich es mir immer als schönen, blondgelockten Engel vorgestellt. Einem Säugling dürfte es ja irgendwie auch schwer fallen, Geschenke zu tragen.

Nach der Bescherung am Heiligen Abend ging es am Ersten Weihnachtstag dann runter zur Oma, wo die ganze Familie zusammenkam. Das Wohnzimmer war abgeschlossen und für uns Kinder gab es nichts Spannenderes, als einen Blick durchs Schlüsselloch zu werfen und all die Geschenke zu erspähen. Doch bevor die Bescherung kam, mussten wir erst einmal das Weihnachtsessen durchstehen: Weihnachtssuppe mit selbstgemachten Grießklößen, Sahneschnitzel und Spätzle und zum Abschluss Eistannenbäume und Herrencreme (als wir volljährig waren mit einem guten Schuss Rum). Bevor es dann ans Auspacken ging, wurden Weihnachtslieder gesungen. Außer unserer Oma wollte das zwar keiner, aber allein ihre Kekse waren es wert, sich eine halbe Stunde zusammenzunehmen. Am zweiten Weihnachtstag ging es dann zu den anderen Großeltern, wo es ähnlich ablief. Nur ohne Singen.

Mittlerweile wohne ich nicht mehr zu Hause und mein Weihnachtsfest hat sich etwas geändert. Wenn es sich einrichten lässt, gehe ich am Heiligabend in die Kirche, ehe es zu Hause Essen und Bescherung gibt. Da ich mittlerweile 150 Kilometer von zu Hause weg wohne, ist das Ganze immer eine organisatorische Meisterleistung. Heiligabend geht es zu meiner Mutter und meinem Bruder (oder die beiden kommen zu mir), am ersten Weihnachtstag trifft sich wieder die ganze Familie (leider mittlerweile ohne Oma). Am zweiten Weihnachtstag geht es dann zu den Schwiegereltern. Gesungen wird zum Glück nicht mehr, aber die festliche Stimmung bleibt. Auch Weihnachtsbacken und Adventskalender stehen bei mir jedes Jahr aufs Neue auf dem Programm – ebenso wie der Besuch auf dem Weihnachtsmarkt.

Für mich ist Weihnachten kein Fest der Geschenke (auch wenn sie irgendwie ja dazugehören). Für mich ist es vor allem ein Fest der Besinnlichkeit, der ruhigen Abende mit einer heißen Tasse Kakao und Lebkuchen und nicht zuletzt auch ein Fest, an dem man die mittlerweile über ganz Deutschland verteilte Familie einmal wieder sieht. Ich liebe Weihnachten, also was läge näher, als darüber zu schreiben? Erst auf meinem Blog, jetzt auch in einem Buch. Toll!

Die schönsten Weihnachtstraditionen

Seit über tausend Jahren feiern die Menschen das Weihnachtsfest. Nicht überall auf der Welt, denn noch immer hängt das Fest der Liebe eng mit der christlichen Religion zusammen. Doch selbst in China und Japan stellen sich die Menschen mittlerweile manchmal einen Tannenbaum auf und beschenken sich gegenseitig. Im Laufe der Zeit haben sich zahlreiche Traditionen rund um Weihnachten entwickelt. Es handelt sich dabei nicht nur um sinnliches Beiwerk, das uns so richtig in Stimmung bringen soll. Oft haben die Traditionen einen ernsten Hintergrund und eine ganz bestimmte Bedeutung. Ein paar dieser Traditionen möchte ich an dieser Stelle vorstellen.

Der Adventskranz

In vielen Häusern darf der Adventskranz an Weihnachten nicht fehlen. Meistens handelt es sich dabei um einen aus Tannenzweigen gebundenen Kranz, der mit vier Kerzen und hin und wieder auch anderen Dekorationselementen geschmückt ist. An jedem Adventssonntag wird eine zusätzliche Kerze angezündet, so dass am ersten Advent eine Kerze auf dem Adventskranz brennt, am vierten vier Kerzen. Doch woher kommt dieser Brauch?

Die Entstehung eines Brauchs

Der Brauch, einen Adventskranz anzuzünden, ist noch recht jung. Erst 1839 wurde er durch den Theologen und Erzieher Johann Hinrich Wichen erfunden. Der soll eine Gruppe von Kindern betreut haben, die in Vorfreude auf das Weihnachtsfest immer wieder fragten, wann es denn endlich so weit sei. Wichen soll dann ein Wagenrad genommen und mit neunzehn weißen und vier roten Kerzen besetzt haben. Jeden Tag in der Adventszeit wurde eine Kerze angezündet, so dass die Kinder genau mitverfolgen konnten, wann es so weit war. Ein Adventskranz aus Tannenzweigen entwickelte sich allerdings erst einige Jahre später.

Was bedeutet der Adventskranz?

Man sollte eigentlich weniger nach der Symbolik des Adventskranzes fragen als vielmehr danach, warum jener Theologe auf ein Rad und Kerzen zurückgriff. Er hätte die Lichter ja auch auf ein Brett stellen und statt Kerzen Kerben nehmen können.

Allein für die runde Form des Adventskranzes gibt es viele Deutungsmöglichkeiten. Er kann für den Erdkreis gelten, dessen Himmelsrichtungen durch die vier roten Kerzen markiert werden. Ähnlich wie der Ehering kann er in seiner in sich geschlossenen Form aber auch als Zeichen für die Ewigkeit fungieren. Die Kerzen wiederum stehen für das ewige Leben, vielleicht auch einfach für das Licht der Weihnachtszeit in der Dunkelheit des Winters.

In Deutschland ist es üblich, dass man vier gleichfarbige und meist auch gleich große Kerzen für den Adventskranz nimmt. Meistens sind es rote oder weiße, im Grunde ist das aber dem eigenen Geschmack überlassen. Anders sieht das in anderen Ländern aus. In einigen katholischen Gegenden besteht der Kranz zum Beispiel aus drei violetten und einer rosanen Kerze, die am dritten Adventssonntag angezündet wird. In Irland gibt es sogar fünf Kerzen, die unterschiedlich gefärbt sind und jeweils für einen ganz bestimmten Sonntag stehen. Auch andere Länder greifen bei der Gestaltung des Adventskranzes häufig zu liturgischen Farben und orientieren sich damit am Kirchenjahr, nicht am eigenen Geschmack.

Traditionell wird der Adventskranz übrigens gegen den Uhrzeigersinn angezündet. Manche Menschen gehen aber auch gespiegelt vor. Die zweite Kerze liegt also nicht neben, sondern gegenüber der ersten Kerze.

Adventskränze kann man heutzutage fertig beim Blumenhändler und in vielen Supermärkten kaufen. Sie lassen sich aber auch ganz leicht selbst basteln. Man benötigt dazu nur einen Rohling aus Stroh und Tannenzweige (Fichten und Kiefern sind auch sehr schön, grundsätzlich sollte man aber einen Baum wählen, der nicht so schnell nadelt). Mit Draht bindet man die Tannenzweige nun Stück für Stück auf den Kranz, bis der Strohrohling nicht mehr zu sehen ist. Mit speziellen Steck-

Kerzenhaltern kann man nun alle vier Adventskerzen in gleichmäßigen Abständen auf dem Kranz verteilen. Als Dekorationsgegenstände eignen sich kleine Glaskugeln, Tannenzapfen, Seidenbänder, aber auch typisch weihnachtliche Lebensmittel wie Orangenscheiben und Nüsse.

Der Adventskalender

Gerade bei Kindern spielt in der Weihnachtszeit der Adventskalender eine wichtige Rolle. Er zeigt dem Kind an, wie weit es noch bis zum Weihnachtsfest ist und versüßt ihm die Wartezeit mit einer kleinen Nascherei oder einem Spielzeug. Erfunden wurde der Adventskalender ebenso wie der Adventskranz im 19. Jahrhundert. Der gewöhnliche Adventskalender zählt die Tage vom 1. Dezember bis zum Weihnachtsfest. Es gibt aber auch religiöse Kalender, die ab dem ersten Adventssonntag, teilweise also schon im November, die Tage bis zum Weihnachtsfest zählen. Obwohl es eigentlich eine urdeutsche Tradition ist, erfreut sich der Adventskalender mittlerweile auch in Ländern großer Beliebtheit, die gar keines christlichen Glaubens sind.

Die Entstehung des Adventskalenders

Der Adventskalender soll seinen Ursprung in lutherischen Familien gehabt haben, die an jedem Tag bis Weihnachten ein religiöses Bild an die Wand hängten. An Weihnachten hingen also ganze 24 Bilder mit weihnachtlichen oder anderen, religiösen Motiven an der Wand. Andere Varianten waren zum Beispiel, die Weihnachtskrippe jeden Tag mit einem weiteren Strohhalm zu füllen. Weiter verbreitet war vor allem die Adventskerze, die mit vierundzwanzig Strichen markiert wurde. Jeden Tag brannte ein Stück dieser Kerze ab und zeigte so das Nahen der Weihnachtszeit.

Der erste gedruckte Adventskalender wurde im Jahr 1902 herausgegeben und hatte die Form einer Uhr. Diese ersten Kalender hatten noch keine Türchen zum Öffnen. Stattdessen gab es für jeden Tag ein Bildchen, das man ausschneiden und auf eine Vorlage kleben konnte. Erst im Jahr 1920 kamen die Adventskalender mit Türchen auf dem Markt und verbreiteten sich von da an sehr schnell.

Den ersten, mit Schokolade gefüllten Adventskalender gab es übrigens erst im Jahr 1958. Typisch für diese Kalender war es, dass sich hinter der Schokolade noch das weihnachtliche Bild befand, das man von den bis dahin üblichen Adventskalendern kannte. Mittlerweile nehmen die Adventskalender immer größere Formate an. Sie verbergen ganze Pralinen, Überraschungseier oder sogar kleinere Spielzeuge. Eine neue Tradition im Zusammenhang mit der Adventszeit ist der Hörbuch-Kalender. Jeden Tag gibt es eine kleine Geschichte, die man sich anhören kann. Daneben gibt es mittlerweile auch Adventskalender im Internet, die sich allerdings in erster Linie an Erwachsene richten.

Ungewöhnliche Adventskalender

In Städten ist es mittlerweile zur Tradition geworden, Häuser als Adventskalender zu dekorieren. Entweder werden auf der Fassade Türchen angebracht, von denen jeden Tag eines geöffnet wird und den Blick auf ein Motiv preis gibt. Oft werden aber auch die Fenster für diesen Adventskalender verwendet. Manchmal sind die Fenster nur beleuchtet, häufig werden aber auch weihnachtliche Motive in die Fenster gestellt. Das Öffnen der einzelnen Türchen geht oft mit Vorlesungen von Geschichten oder musikalischer Begleitung vonstatten.

Etwas ungewöhnlicher ist da schon der lebendige Adventskalender. Dann werden die Türchen auf eine ganze Siedlung verteilt. An jedem Tag treffen sich die Bewohner der Siedlung an dem Haus mit der jeweiligen Kalendernummer. Gemeinsam wird gesungen, Gebäck gegessen und Glühwein oder Punsch getrunken. Das jeweilige Türchen wird in der Regel hübsch weihnachtlich dekoriert. Außerdem ist der Gastgeber dafür verantwortlich, für Unterhaltung zu sorgen. Das vierundzwanzigste Türchen befindet sich in der Regel im Portal der Kirche des Ortes.

Auch einen Adventskalender kann man ganz einfach selbst basteln. In den Geschäften gibt es dafür zum Beispiel leere Kalender, die man dann selbst mit

Süßigkeiten oder kleinen Geschenken füllt. Wer handwerklich begabt ist, der kann die Säckchen aber auch von Hand nähen. Mit Kindern kann man einen tollen Adventskalender mit Bildern basteln. Dazu braucht man nur zwei Bögen Fotokarton. Der eine Bogen wird komplett bemalt, auf ihm zeichnet man dann die Türchen ein und schneidet sie an drei Seiten vorsichtig an. Dadrunter klebt man den zweiten Fotokarton, auf dem man jetzt die Türchen aufmalt.

Der Adventssonntag

Der Adventssonntag ist der wichtigste Bestandteil der ganzen Adventszeit. An ihm, nicht am Datum des Weihnachtsfestes, wird die Länge der Adventszeit festgemacht. Es gibt immer vier Adventssonntage vor Weihnachten, in Mailand und einigen osteuropäischen Ländern sind es sogar sechs Sonntage. Die Adventszeit beginnt dementsprechend nicht gemeinsam mit dem Adventskalender am 1. Advent, sondern schon Ende November, wenn der erste der vier Adventssonntage beginnt. Dementsprechend kann der Advent zwischen dem 27. November und 3. Dezember beginnen und endet mit dem 24. Dezember.

In der evangelischen wie in der katholischen Liturgie, haben alle vier Adventssonntage die gleichen Namen. Sie bilden zusammen den Vers "*Ad televavianimammeam. PopulusSion, ecce Dominus veniet at salvandesgentes. Gaudete in Domino semper.Rorate, coelidesuper, et nubespluantistum*". Das bedeutet übersetzt: "*Zu dir erhebe ich meine Seele. Volk von Zion, siehe der Herr wird kommen, zu retten die Völker. Freut euch im Herrn allezeit, tauet, ihr Himmel, von oben, ihr Wolken, regnet den Gerechten: Es öffne sich die Erde und der Heiland sprosse hervor.*"

Der erste Adventssonntag trägt daher auch den Namen "*Ad televavi*", der zweite den Namen "*Populus Sion*", der dritte "*Gaudete*" und der vierte und letzte Sonntag vor Weihnachten trägt den Namen "*Rorate*". Jeder dieser Sonntage ist einem bestimmten Thema gewidmet und hat häufig auch seine eigene Farbe.Üblich ist an den Adventssonntagen die Farbe violett. Lediglich an Gaudete wird häufig eine rosa

Farbe verwendet. Sie soll das weiße Licht der Weihnacht symbolisieren, das durch das Violett dringt und so die herannahende Weihnachtszeit ankündigt.

Darüber hinaus wird an jedem dieser Tage eine weitere Adventskerze angezündet. Auch viele Weihnachtslieder besingen den Advent und haben für jeden Adventssonntag eine eigene Strophe. In vielen Familien gelten gerade diese vier Tage in der Adventszeit als besonders besinnlich.

Die Bescherung

Für die meisten Kinder und auch sehr viele Erwachsene ist die Bescherung der traditionelle Höhepunkt der Weihnachtszeit. Weihnachtsmann oder Christkind bringen Geschenke, die unter den festlich geschmückten Weihnachtsbaum gelegt werden. In Deutschland ist es der Heilige Abend, an dem die Geschenke verteilt werden. In anderen Ländern ist es häufig der Morgen des 1. Weihnachtstages. Ursprünglich fand die Bescherung nicht an Weihnachten, sondern am 6. Dezember, dem Nikolaustag, statt. Denn eigentlich war es der Heilige Nikolaus, der den Kindern Geschenke machte. In vereinzelten, nordeuropäischen Ländern ist das noch heute so. Auch in den Niederlanden ist der „Sinterklaas“ am Nikolaustag der Geschenkebringer. Das Weihnachtsfest selbst findet dann zwar im Kreis der Familie, aber ohne Bescherung statt. In den meisten Ländern wurde der Nikolaus zum Weihnachtsmann umbenannt und kommt seitdem am Heiligen Abend.

Eigentlich richtete der Brauch sich nur auf Kinder aus, doch im Laufe der Zeit begannen auch immer mehr Erwachsene damit, sich gegenseitig zu beschenken und auch von ihren Kindern beschenkt zu werden. Gerade Kinder, die viele Wünsche haben, schreiben in der Adventszeit einen Wunschzettel. Dieses, oft mit weihnachtlichen Motiven geschmückte Blatt Papier wird dann auf den Küchentisch gelegt und von den Helfern von Weihnachtsmann und Christkind abgeholt. Alternativ kann man ihn auch in einen Briefumschlag stecken und dem Christkind schicken.Es gibt einige Städte in Deutschland wie zum Beispiel Engelskirchen, die ein eigenes

Weihnachtspostamt eröffnet haben und die Wunschbriefe der Kinder beantworten. Wie ich im Vorwort schon beschrieben habe, war die Bescherung für uns Kinder immer eine aufregende Sache: Nachdem der Christbaum aufgestellt und geschmückt war, wurden wir erst einmal aus dem Wohnzimmer verbannt – schließlich sollten wir dem Christkind nicht begegnen. Mein Mann und ich haben noch keine Kinder, so dass es bei uns auch niemanden auszusperren gibt. Meistens stelle ich den Christbaum schon ein paar Tage vor Weihnachten auf und stelle dann auch schon die Geschenke darunter. So kann ich mich länger an dem Anblick eines prächtig geschmückten Baumes und an all den verpackten Geschenken erfreuen.

Viele Menschen lassen mittlerweile übrigens auch ihre Haustiere an der Bescherung teil haben. Ich gebe zu, ich kaufe für Weihnachten auch immer das besonders teure Katzenfutter, obwohl es meinen Katzen herzlich egal sein dürfte. Aber es kommt an Weihnachten eben nicht darauf an, viel Geld auszugeben, sondern darauf, anderen eine Freude zu machen. Und dazu gehören eben auch meine Miezen.

Das Christkind

Vor allem im mittel- und süddeutschen Raum, in Österreich und der Schweiz ist das Christkind Zentrum des ganzen Weihnachtsfestes. Es wird nicht nur seine Geburt gefeiert, sondern das Christkind bringt hier auch die Weihnachtsgeschenke, die unter den festlich geschmückten Weihnachtsbaum gelegt werden. Vermutlich entwickelte sich das Christkind aus dem Tag der unschuldigen Kinder am 28. Dezember, an dem die Kinder neben oder statt dem Nikolausfest beschenkt wurden.An diesem Tag wurde immer feierlich ein Kinderbischof gewählt, der einen Tag lang über alle Erwachsenen bestimmen durfte. Da durfte man dann auch schon einmal den Onkel zum Putzen der Latrinen schicken, ohne dass er es dem Kind übel nehmen durfte.
Doch wie sieht es aus, das Christkind? Diese Frage stellen sich vor allem Kinder. In Darstellungen handelt es sich meist um ein kleines Kind mit blonden Locken, das in seiner Krippe liegt. Auf anderen Bildern handelt es sich aber auch um einen wunderschönen, weiblichen Engel, der den Segen und die Geschenke bringt. Man

spricht in diesem Fall auch vom Weihnachtsengel. In welcher Gestalt es auch tatsächlich kommt, traditionell kommt das Christkind, während niemand im Haus anwesend ist. Früher war das in Deutschland zur Mitternachtszeit, wenn alle in der Christmette saßen. In vielen Ländern ist es auch heute noch so, dass Weihnachtsmann und Christkind um diese Zeit kommen, um ihre Gaben zu verteilen. In Deutschland hat man die Zeit der Bescherung allerdings auf den frühen Abend verlegt. Daher kommt das Christkind hier meistens dann, wenn die Familie gemeinsam in der Weihnachtsmesse sitzt. In manchen Orten kommt auch eine gemietete Schauspielerin als Christkind verkleidet in die Familien und übergibt die Geschenke. Ich persönlich denke nicht, dass das nötig ist. Eine Schauspielerin hätte das Weihnachtsfest für mich vermutlich nur entzaubert, denn zur Spannung, die Weihnachten mit sich bringt, gehört eben auch, nicht alles zu wissen.

Das Christkindlschießen

Das Christkindlschießen – oder auch Christkindl- Anschießen -, ist ein bayrischer Brauch. Er entstand im 14. Jahrhundert und hat sich bis heute in nur leicht veränderter Form erhalten. Mit Hilfe von Schießpulver sollten in der Weihnachtsnacht böse Geister vertrieben werden. Dafür sorgten der Lärm und das Feuer, das durch das Pulver entstand. Anfänglich entzündete man das Pulver direkt, mit der Erfindung der Waffen wurde das Christkindlschießen aber oft auch mit Gewehren oder Pistolen veranstaltet.

Zentrum des Brauchs ist das Berchtesgardener Land, in dem das Christkindlschießen mit dem 17. Dezember beginnt. Die Vereine versammeln sich vor der Kirche oder einem Platz im Ort und feuern ihre Waffen zum ersten Mal ab. Damit läuten sie die Weihnachtszeit ein. Von da an wiederholt sich das Christkindlschießen an jedem Tag zur selben Uhrzeit, bis der Heilige Abend endlich eingetreten ist. An diesem besonderen Tag beginnt das Brauchtum pünktlich um 23 Uhr. Bis Mitternacht wird der Ort durch die "Böller" lautstark unterhalten. Mit dem Beginn der Christmette um 24 Uhr ist mit der Knallerei allerdings Schluss. Wiederholt wird das Christkindlschießen ein letztes Mal am Silvesterabend, wenn das alte Jahr mit

Böllerschüssen verabschiedet und das neue begrüßt wird.

Der Christklotz

Ein weiterer, weihnachtlicher Brauch ist der Christklotz, auch Julklotz genannt. Dieser Brauch ist nicht nur in Deutschland, sondern vor allem in Nordeuropa und anderen Kulturen sehr weit verbreitet. Es handelt sich dabei um einen Holzscheit für den Kamin – in der Regel wird dafür Eichen- oder Eschenholz verwendet. Bevor der Christklotz verbrannt wird, wird er mit Wein übergossen und gesegnet. Dann wird er dem Feuer übergeben, das in diesem Fall dem heimischen Herdfeuer entsprechen soll. Durch das Verbrennen des Holzscheits soll das Haus im kommenden Jahr vor allen Gefahren beschützt werden.

Vom Christklotz leitet sich übrigens die *„Bûche de Noel“* ab, eine französische Weihnachtsspeise. Es handelt sich dabei um einen Kuchen in Form eines Holzscheites.

Der Besuch in der Kirche

Obwohl viele Menschen mit Religion nichts mehr anfangen können, gehört der Kirchgang auch heute noch zum Weihnachtsfest dazu. Selbst hartgesottene Atheisten und Agnostiker gehen in die Christmesse, um ein wenig Besinnlichkeit einzufangen und sich so auf das Fest einzustellen. Welche Art von Gottesdienst man hierfür wählt, hängt in erster Linie vom Glauben ab.

Weihnachten in der evangelischen Kirche

Der wichtigste Tag des evangelischen Weihnachtsfestes ist der Heilige Abend. Diese reformierte Kirche war es auch, die die Bescherung auf das Weihnachtsfest verlegen ließ, denn sie lehnt die Heiligenverehrung und damit das Fest des Heiligen Nikolaus ab. Wer evangelisch ist, geht am 24. Dezember in die Christvesper. Sie findet meist am späten Nachmittag statt, da eine Mitternachtsmesse von vielen Mitgliedern der Kirche als “Unfug” betrachtet wurde. Erst in jüngster Zeit erhält auch in der evangelischen Kirche die Mitternachtsmesse eine größere Bedeutung.

Inhalte des evangelischen Weihnachtsgottesdienstes sind vor allem Weissagungen aus dem Alten Testament und natürlich das Lukasevangelium. Statt Kirchenliedern werden während der Christvesper vor allem Weihnachtslieder gesungen. In größeren Gemeinden gibt es häufig auch noch einen eigenen Kindergottesdienst, der das Evangelium kindgerecht aufarbeitet und die Kinder auf die Bescherung und die kommenden Festtage einstimmt.Ein Krippenspiel gehört zu diesen Kindergottesdiensten fast immer dazu. Manchmal werden die Kinder auch in den Gottesdienst eingebunden, indem sie während der Messe den Christbaum schmücken oder die Weihnachtskrippe dekorieren.

Weihnachten in der katholischen Kirche

Sicher auch wegen ihres Alters hat die katholische Kirche viel mehr festliche Aktivitäten und Traditionen rund um das Weihnachtsfest. Schon im frühen Mittelalter feierte man an Weihnachten drei Heilige Messen: *in die*, die Tagesmesse (von lateinisch: dies = Tag), *in nocte*, die Nachtmesse (nocta = Nacht), auch als Christmette bekannt, und *mane in aurora*, die Morgenmesse (aurora = Morgenröte). Inhalt und Ablauf der drei Heiligen Messen wurden bereits im 7. Jahrhundert entwickelt und im Jahr 800 durch Karl den Großen für verbindlich erklärt. Seitdem hat sich an dieser Tradition kaum etwas verändert.

Die drei Heiligen Messen bauen inhaltlich aufeinander auf. Während die evangelische Kirche am Heiligen Abend bereits die Geburt Jesu predigt, wird in *in die* lediglich von der Erwartung der Ankunft des Erlösers gesprochen. *In nocte* drückt die Freude über die Geburt Christi aus, während *mane in aurora* sich gänzlich der Auferstehung und Wiedergeburt des Herrn widmet.
Eine Besonderheit der katholischen Kirche ist es, dass am Weihnachtsfest keine anderen Heiligen gefeiert werden dürfen, mit Ausnahme der *Comites Christi*. Dabei handelt es sich um den Heiligen Stephan, Johannes und das Fest der unschuldigen

Kinder.

Weihnachten in der orthodoxen Kirche

Eine Sonderrolle im Bezug auf das Weihnachtsfest nimmt die orthodoxe Kirche ein. Für sie sind nämlich nicht der Heilige Abend und die Weihnachtsfeiertage der Höhepunkt des Festes, sondern der 6. Dezember. Dieser Festtag wird Epiphanias genannt und wird schon seit dem 4. Jahrhundert, also sehr viel länger als das Weihnachtsfest, begangen. Viele orthodoxe Glaubensrichtungen haben ihr Weihnachtsfest mittlerweile auf das übliche Datum verlegt, doch gibt es nach wie vor überall kleinere und größere Gruppen, die am 6. Dezember festhalten.

Die Mehrheit der Orthodoxen feiert am 24. Dezember das Weihnachtsfest, das durch eine Lesung eingeläutet wird. Thematisch geht es hierbei darum, Jesus als den prophezeiten Erlöser zu belegen. Am Ersten Weihnachtstag stehen die Sterndeuter und die Herrschaft Christi im Mittelpunkt der Messe. Der Zweite Weihnachtstag leitet die sechstägige Marienverehrung ein.

Und andere Religionen?

Auch in den übrigen Religionen gibt es Feste, die zwar nicht mit Weihnachten identisch sind, für die jeweiligen Glaubensangehörigen aber dennoch sehr wichtig sind. Das jüdische Hannukah und das muslimische Zuckerfest mit dem vorhergehenden Ramadan sind für die jeweiligen Kulturen die höchsten Feiertage im Jahr.

Das Krippenspiel

Das Krippenspiel ist ein wichtiges Element in vielen Weihnachtsgottesdiensten, aber auch auf Weihnachtsmärkten und Weihnachtsfeiern. Inhalt des Spiels ist die Geburt Jesu, die Suche Marias und Josefs nach einer Herberge und der Besuch der drei Weisen aus dem Morgenland. Wird es in der Kirche aufgeführt, geschieht dies meist am Heiligen Abend, wo es in der Messe auch thematisch um die Geburt Christi geht.

Seltener findet das Krippenspiel auch seinen Eingang in die Christmette.
Das Krippenspiel hat lange Tradition. Schon im Mittelalter fanden sich Mitglieder der Zünfte (das sind Vereinigungen von Handwerkern) zusammen, um gemeinsam ein Schauspiel für den Weihnachtsgottesdienst einzustudieren. Jede Familie war nach Beruf geordnet in solchen Zünften organisiert, die oft auch eine eigene Kirche hatten. Die jeweilige Zunft konnte man dem Krippenspiel oft deutlich aussehen. Vor allem bei den Goldschmieden und Schneidern waren beispielsweise die Kostüme besonders prunkvoll.

Erste Krippenspiele in lateinischer Sprache sind für das 10. Jahrhundert nachgewiesen. Die Überlieferung behauptet allerdings, dass Krippe und Krippenspiel erst im 12. Jahrhundert erfunden wurden. Damals stellte Franz von Assisi mit lebenden Tieren und Figuren die Weihnachtskrippe nach und begründete damit auch die Tradition der Krippe unter dem Weihnachtsbaum.
Heute gibt es eine ganze Reihe von Krippenspielen, die teilweise auch überregional Bekanntheit erlangt haben. Zu den bekanntesten Spielen gehören zum Beispiel die Krippenspiele in der Lübecker Aegidienkirche, die in niederdeutsch vorgeführt werden. Sie haben bereits seit 1920 Tradition und werden von Schülern des Lübecker Katharineums veranstaltet. Ebenfalls sehenswert ist das Krippenspiel in Essen, bei dem für die Dauer des Weihnachtsmarktes lebende Schafe in einer Krippe gehalten werden. Wer es besonders besinnlich mag, der sollte sich auch das Krippenspiel auf Burg Satzvey in der Eifel nicht entgehen lassen. Es findet ebenfalls mit lebenden Tieren und in lateinischer Sprache statt.

Berühmtheit erlangt hat auch das Labeser Krippenspiel, das 1921 durch Maria von Bismarck ins Leben gerufen wurde. Die Bewohner des Ortes führten jedes Jahr die Weihnachtsgeschichte auf, bezogen das Krippenspiel aber auf ihren eigenen Ort und nicht auf Betlehem. Nach dem zweiten Weltkrieg wurde das Krippenspiel unterbrochen und erst 1972 wieder ins Leben gerufen. Seitdem treffen sich traditionell die Bewohner von Labes am letzten Adventssonntag vor Weihnachten, um das Krippenspiel erneut aufzuführen.

Mistelzweige

Mistelzweige haben in Deutschland als Heilpflanze und Pflanze der germanischen Götter eine tiefe, etymologische Bedeutung. Mit dem Weihnachtsfest werden sie in diesem Sinne aber nicht in Zusammenhang gebracht. Der Brauch, einen Mistelzweig über der Tür aufzuhängen, stammt aus den USA. Dort ist es üblich, dass zwei Personen, die gemeinsam unter dem Mistelzweig stehen, sich küssen. Dies soll beiden Glück bringen und hat wohl schon so manche Ehe gestiftet. Ähnlich wie Halloween hat sich auch dieser Brauch mittlerweile nach Europa ausgebreitet.
Die Mistel ist eine Pflanze, die als Schmarotzer an anderen Pflanzen lebt. Sie wächst beispielsweise an Bäumen und Sträuchern und entzieht den Pflanzen die Nahrung. Besonders gut zu erkennen sind sie im Winter als dichte Knubbel, die man in den kahlen Bäumen erkennen kann. Die Blätter der Mistel sind von einem hellen Grün. Die Pflanze blüht weiß bis gelb und entwickelt dann kleine Beeren.

Der Räuchermann

Der Räuchermann oder das Räuchermännchen liegt das ganze Jahr über in einer Kiste und wird erst in der Weihnachtszeit wieder hervorgeholt. Er wird traditionell im Erzgebirge hergestellt und dient zum Abbrennen von Räucherstächen und Räucherkegeln. Das Ganze soll an die Tradition erinnern, dass in der Weihnachtsmesse Weihrauch entzündet wird. Der Räucherkegel wird im Inneren des Räuchermannes entzündet. Der Rauch steigt dann nach oben und entschwindet durch den Mund des Männchens, in dem eine Pfeife steckt.Heutzutage gibt es nicht nur Räuchermänner, sondern auch Räucherdinosaurier, Räucherhexen und Räucherhäuser. Die ersten Räuchermänner wurden etwa um das Jahr 1830 hergestellt und gehören zur Volkskunst des Erzgebirges. Schon bald kamen Kunden aus aller Welt auf den Geschmack und das Interesse an diesen kleinen Holzfiguren wuchs rasant. Bald entstand auch eine rege Nachfrage nach anderen Figuren, die man als Räuchermännchen verwenden könnte. Traditionell werden die verschiedenen

Handwerksberufe dargestellt. Also zum Beispiel Förster und Jäger, Schreiner, Bergleute und Soldaten. Auch Räucherfrauen sind heute keine Seltenheit mehr.

Der Schwibbogen

Wie der Räuchermann ist auch der Schwibbogen ein traditionelles Kunstwerk aus dem Erzgebirge. Es handelt sich um einen runden Bogen aus Holz. Allgemein wird behauptet, der Schwibbogen symbolisiere den Eingang zum Bergwerk. Das rührt daher, dass das Erzgebirge hauptsächlich vom Bergbau lebte und ein Vergleich daher nahe läge. Tatsächlich verhält es sich aber so, dass der Schwibbogen an den Himmelsbogen erinnern soll. Deshalb wird er oft auch mit Sonne, Mond und Sternen dargestellt.

Dennoch kann man nicht behaupten, dass die Schwibbögen mit dem Bergbau überhaupt nichts zu tun hätten. Gerade im Winter war es üblich, dass die Bergleute vor Sonnenaufgang in den Stollen gingen und erst nach Sonnenuntergang wieder heraus kamen. Sie sahen den ganzen Winter über kein Tageslicht. Um wenigstens ein Gefühl von Sonne, Himmel und Licht zu bekommen, fertigten sie Schwibbögen an, auf deren Oberseite sie Kerzen befestigten. Unter dem Schwibbogen findet man auch heute noch oft Motive aus dem Bergbau, aber auch die Krippenszene.

Der erste Schwibbogen bestand nicht aus Holz, sondern aus Metall. Er war im Jahr 1740 geschmiedet worden. Da nach dem Zweiten Weltkrieg Rohstoffe knapp wurden, begann man zu dieser Zeit damit, die Bögen aus Holz und nicht mehr aus Metall herzustellen. Bald hielten die Bögen Einkehr in jedes Wohnzimmer. Mittlerweile ist es Tradition, den Schwibbogen ins Fenster zu stellen. Auch das kommt nicht von ungefähr. Den heimkehrenden Bergleuten sollte so der Weg nach Hause geleuchtet werden.

Der Weihnachtsbaum

Der Weihnachtsbaum ist ein auf der ganzen Welt weit verbreiteter Weihnachtsbrauch. Ein Nadelbaum, meist eine Tanne, wird im Wohnzimmer oder vor dem Haus

aufgestellt und festlich geschmückt. Dazu verwendet man neben Kerzen auch Glaskugeln, Lametta, Engel, Strohsterne und andere Figuren.
Schon die Römer waren der Meinung, dass in immergrünen Pflanzen besonders viel Leben stecke. Deshalb neigte man schon in der Antike und im Mittelalter dazu, sich im Winter solche Pflanzen ins Haus zu holen und so die dunkle Jahreszeit zu vertreiben. Überhaupt schmückte man gerne Bäume, so wie im Mai den Maibaum.
Die ersten Weihnachtsbäume bestanden weder aus Tanne, noch hatten sie festlichen Schmuck. In der Weihnachtszeit spielte damals nämlich auch das Paradies eine große Rolle. Deshalb behängte man Laubbäume mit Äpfeln, die den Baum des Wissens darstellen sollten.

Schon zum ausgehenden Mittelalter soll es den ersten Weihnachtsbaum gegeben haben. Nürnberger Bäcker sollen eine Tanne mit allerlei Leckereien behangen haben, die die Kinder sich dann vom Baum holen durften. Spätestens um 1520 war der Weihnachtsbaum dann als traditionelles Element von Weihnachten in die Häuser eingezogen. Die Freude an dieser Tradition ging so weit, dass Wälder zur Weihnachtszeit besonders bewacht werden mussten, damit sie nicht allzu sehr ausgeplündert wurden.
Im Laufe der Jahrhunderte entwickelte sich die Tradition um den Weihnachtsbaum immer weiter. Kerzen kamen hinzu, sie brannten zum ersten Mal im Jahr 1611 im Haus des Herzogs von Schlesien. Auch außerhalb der Häuser und vor Kirchen wurden Weihnachtsbäume aufgestellt. Letztere äußerte sich zumindest in der ersten Zeit nicht gerade positiv über Weihnachtsbäume. Immerhin hatten sie mit dem Christfest nicht viel zu tun und wurden deshalb eher als Kinderei betrachtet.

Unglücklicherweise war der Tannenbaum gerade in Mitteleuropa sehr selten. Sich einen Weihnachtsbaum ins Haus zu stellen war deshalb ein teures Vergnügen. Bezahlbar wurden die immergrünen Bäume erst, als man um etwa 1850 damit begann, die Wälder mit Tannen aufzuforsten. Zu dieser Zeit begann der Weihnachtsbaum sich auf der ganzen Welt auszubreiten. Zuerst brachte ihn Prinz Albert von Sachsen-

Coburg-Gotha bei seiner Hochzeit mit Queen Viktoria auf die britische Insel. Über England kam er in die Vereinigten Staaten von Amerika und wurde von da aus auch nach Asien verbreitet.

Ein paar Fakten rund um den Weihnachtsbaum

Die beliebtesten Weihnachtsbäume sind in Deutschland Tannen. Sechzehn Millionen Stück werden davon jedes Jahr verkauft, viele von ihnen werden aus Dänemark importiert, wo es regelrechte Weihnachtsbaum-Plantagen gibt. Gemeinsam mit anderen Sorten wurden allein 2009 knapp 28 Millionen Weihnachtsbäume in Deutschland verkauft. Bis ein Weihnachtsbaum eine Größe von knapp zwei Metern erreicht hat, vergehen gut und gerne acht bis zehn Jahre. In dieser Zeit leistet er einen wichtigen Beitrag zur Verarbeitung von Kohlendioxid zu Sauerstoff.

Traditionell wird der Weihnachtsbaum am Heiligen Abend aufgestellt und mit Christbaumkugeln geschmückt. Die ersten Kugeln wurden übrigens 1830 im thüringischen Dorf Lauscha geblasen. Früher war es Sitte, den Weihnachtsbaum am 6. Januar wieder abzubauen und ihn zu entsorgen. Mittlerweile lockert diese Sitte aber auf. Einzelne Bäume bleiben sogar bis Mitte Februar stehen. Danach werden sie entsorgt oder für das kommende Osterfeuer gesammelt. Frische Weihnachtsbäume können auch als Futter an den Zoo gespendet werden. Mehr über den Weihnachtsbaum erzähle ich Euch im nächsten Kapitel

Weihnachtsdekoration

Eine der größten Traditionen rund um das Weihnachtsfest ist es, sich die Wohnung weihnachtlich zu dekorieren. Je nach Geschmack kann das aber gänzlich unterschiedliche Ausmaße annehmen. Manche schätzen es, wenn die Wohnung geschmackvoll und dezent dekoriert wird. Das kann zum Beispiel durch Kerzen in schönen und ausgefallenen Kerzenhaltern erfolgen, aber auch durch einen kleinen Tannenzweig, der mit kleinen Kügelchen, Tannenzapfen, Glitzer und anderen kleinen Dingen geschmückt sind.

Andere wiederum dekorieren ihre Wohnung gern möglichst üppig, so wie man es von amerikanischen Häusern kennt. Hier findet man nicht nur Sterne, Tannenzweige, Weihnachtsmänner und Engel an jeder noch so unerwarteten Stelle des Hauses; es gibt auch weihnachtliche Willkommensschilder, Fußmatten, weihnachtliches Geschirr, und wenn vorhanden sogar ein weihnachtlicher Vorgarten mit Lichterketten, Krippe, Rentieren und Wichteln. Auch in Deutschland gibt es immer mehr Hauseigentümer, die ihre Leidenschaft für das Weihnachtsfest gerne auch nach außen hin demonstrieren. Erlaubt ist, was gefällt. Lediglich bei musikalischer oder heller Dekoration sollte man vorher mit den Nachbarn abklären, ob sie sich dadurch gestört fühlen könnten. Schließlich ist Weihnachten das Fest des Friedens und der Liebe und nicht des nachbarschaftlichen Streits.

Für welche Dekorationen man sich auch entscheidet und wie üppig oder schlicht es auch zugeht – einige Dinge dürfen bei den meisten Menschen nicht fehlen. Dazu gehören zum Beispiel der Adventskranz und der Adventskalender. Auch Licht spielt für viele in der Weihnachtszeit eine wichtige Rolle. Wenn es draußen früh dunkel wird, schaffen Kerzen oder Lichterketten eine angenehme, warme Atmosphäre, in der ein Gefühl von Geborgenheit aufkommt. Gerade, wenn man Kinder oder Haustiere hat, sollte man beim Umgang mit Kerzen aber vorsichtig sein. Jedes Jahr gibt es etliche Brände, weil ein Adventskranz oder ein Kerzengesteck unbeaufsichtigt war.
Ein hierzulande noch unüblich, aber ebenfalls immer beliebter werdender Dekorationsartikel für Weihnachten ist übrigens der Mistelzweig, der unter der Tür angebracht wird. Einzelne Sorten stehen allerdings in Deutschland unter Naturschutz, so dass man sie besser beim Förster oder einem Weihnachtsbaumverkauf besorgt, anstatt sie selbst vom Baum zu holen.

Das Weihnachtsessen

Einer der Höhepunkte des Weihnachtsfestes ist bei vielen Familien das Weihnachtsessen. Manchmal ist Weihnachten die einzige Gelegenheit im Jahr, zu der wirklich die ganze Familie zusammenkommt und gemeinsam feiert und isst. Aus einer Jahrhunderte alten Tradition heraus ist das Weihnachtsessen einer der wichtigsten Bestandteile des Festes, und das schon bevor es üblich wurde, sich Geschenke zu machen. Während die Menschen im Mittelalter vor allen den Winter über sehr entbehrungsreich lebten, wurde an Weihnachten eine Ausnahme gemacht. Die besten Obst- und Gemüsesorten, der schönste Käse und das feinste Brot wurden einzig und allein für diesen Tag aufgehoben und erst dann verspeist. Und Familien, die es sich leisten konnten, schlachteten für dieses Fest sogar eine Gans, ein Huhn oder ein Schwein. Nicht umsonst gehört die Weihnachtsgans heute noch zu den klassischen Weihnachtsgerichten.

Meistens hat jede Familie ihre eigene Tradition, was auf den Tisch kommt. Ist es bei manchen ein Menü bestehend aus Suppe, Gans und Dessert, machen andere Familien vielleicht gerne Fondue oder gehen essen. Gemeinsam haben sie, dass die meisten Familien jedes Jahr dieselben Essensrituale aufgreifen. Gab es im letzten Jahr die Weihnachtsgans, wird es sie auch in den nächsten Jahren geben. Allerdings gibt es neben diesem Klassiker auch noch eine ganze Reihe anderer Speisen, die typisch weihnachtlich sind. Das fängt schon bei Süßigkeiten an: Marzipan, Schokolade und Lebkuchen gehören in der Vorweihnachtszeit und auf dem Gabentisch für viele dazu. Und auch Nüsse und Orangen sind traditionell in fast jedem Heim zu finden.

Typische, weihnachtliche Lebensmittel gibt es allerdings nicht. Meistens sind es die übrigen Zutaten, die das Weihnachtliche am Essen ausmachen. So wird beispielsweise sehr gerne mit aromatischen Gewürzen wie Koriander, Zimt, Anis, Pottasche und Muskat gekocht, die dem Essen ein besonderes Aroma verleihen. Auch Wein, Sherry und Rumsorten finden in der Weihnachtszeit eher Eingang in die Menüs als zu anderen Jahreszeiten. Da die Vorbereitung eines Weihnachtsmenüs viel Zeit und Aufmerksamkeit erfordert, bevorzugen es übrigens viele Menschen, sich für Speisen zu entscheiden, die schon am Vortag in Ruhe vorbereitet werden können. Statt den Tag dann am Herd zu verbringen, werden die Sachen einfach in den Backofen geschoben oder aus dem Kühlschrank geholt. Das spart Zeit und Arbeit.

Weihnachtsgeschenke

Auch wenn ich persönlich nicht viel von Kommerz halte, gehören Geschenke zu Weihnachten doch irgendwie dazu. Wie bereits erwähnt kommt die Tradition ursprünglich vom Fest der unschuldigen Kindlein, das ein paar Tage später stattfand. Bei manchen Familien wird die Bescherung zu einer regelrechten Geschenkeorgie. Insbesondere dann, wenn Kinder im Spiel ist, können Eltern und Großeltern oft nicht an sich halten – sie alle wollen dem Kind das größte und schönste Geschenk machen. Es kommt also nicht von ungefähr, dass an Weihnachten so viel Werbung für Geschenke gemacht wird und allein die Spielzeugindustrie zu dieser Zeit ein Vermögen verdient. Damit gerade Kinder nicht irgendwann lernen, das Weihnachtsfest nur noch mit Geschenken in Verbindung zu bringen, sollte man sich vorher darauf einigen, wie viel Geld für Geschenke überhaupt ausgegeben werden soll.

Eine sehr schöne Alternative, gerade bei Kindern, die ihren Eltern nichts kaufen können, sind aber auch selbstgebastelte Geschenke. Ob Fensterbilder, gestrickte Schals oder gebastelte Puppen – die Geste ist es, die zählt und ein Geschenk, in das man viel Mühe und Zeit investiert hat, kommt sicher genauso gut an wie der nagelneue DVD-Player.

Das Weihnachtsgeld

Beim Weihnachtsgeld handelt es sich zugegebenermaßen nicht gerade um eine besonders festliche oder besinnliche Tradition. Es hat seinen Ursprung im 19. Jahrhundert, als Arbeitgeber sich nach und nach damit auseinandersetzten, dass ein Arbeiter nicht nur bezahlt, sondern auch versichert und sozial gerecht behandelt werden sollte. Da das Weihnachtsfest von Natur aus mit Kosten für Geschenke und gutes Essen verbunden ist und Weihnachten das Fest der Liebe und des Gebens ist, entschlossen sich viele Arbeitgeber dazu, ihren Mitarbeitern ein 13. Monatsgehalt auszuzahlen, das für die Vorbereitung des Weihnachtsfestes genutzt werden konnte. Mittlerweile wird der Anspruch auf dieses Geld sogar in vielen Tarifverträgen festgehalten. Es gibt allerdings auch viele Branchen, in denen man zu Weihnachten nur einen Teil des Monatsbruttos zusätzlich bekommt.

Die Weihnachtsgurke

Zugegeben – den meisten Menschen dürfte dieser Brauch unbekannt sein. Er kommt aus den Vereinigten Staaten, wenngleich man ihn dort wiederum auf einen deutschen Brauch zurückführt. Bei der Weihnachtsgurke handelt es sich um eine gläserne Gurke, die ähnlich wie die Christbaumkugeln in den Weihnachtsbaum gehangen wird. Sie wird ein wenig versteckt,denn derjenige, der die Gurke findet, erhält ein zusätzliches Geschenk. Das Grün der Gurke ist im Baum nicht immer leicht auszumachen, so dass ein wenig Arbeit dazugehört. Damit auch kleine Kinder eine Chance auf das zusätzliche Geschenk haben, wird die Weihnachtsgurke normalerweise in verschiedenen Größen angeboten. Warum es ausgerechnet eine Gurke ist und kein Tannenbaumanhänger oder etwas Besinnlicheres, entzieht sich allerdings meiner Kenntnis.

Die Weihnachtskrippe

Die Weihnachtskrippe ist eine der bedeutendsten Traditionen rund um das Weihnachtsfest. Mit ihr wird die Szene dargestellt, wie die Eltern Jesu mit dem neugeborenen Christkind im Stall sitzen und von den Heiligen drei Königen aufgesucht werden. Bereits im frühen Christentum, also im dritten und vierten Jahrhundert, gab es die Krippe. Damals zeigte sie allerdings oft nur das in seinem Bettchen liegende Jesuskind sowie den Ochsen und den Esel. Die Eltern Jesu kamen erst im Mittelalter zur Krippe hinzu. Die heiligen drei Könige gab es interessanterweise schon ab dem Jahr 500 im Zusammenhang mit der Krippe, allerdings nur auf Bildern, nicht in der gestellten Krippe, wie wir sie heute kennen.
Der Name „Krippe" kommt natürlich von der Futterkrippe, in die Maria und Josef das Jesuskind mangels eines Bettchens gelegt haben. In Deutschland hat man diesen Begriff dann auf das ganze Haus beziehungsweise den ganzen Stall ausgeweitet.Wie weiter oben schon erwähnt war es Franz von Assisi, der im Jahr 1223 zum ersten Mal

eine Krippe aufbaute und dazu lebende Tiere und Menschen heranzog. Er stellte damit die ganze Weihnachtsgeschichte als Schauspiel dar, statt einfach nur davon zu predigen. Anfänglich wurden die Krippenfiguren als arme Leute dargestellt. Man ging davon aus, dass Maria und Josef einen Herbergsplatz gefunden hätten, wenn sie mehr Geld gehabt hätten. Erst in jüngerer Zeit verlieh man den Eltern Jesu prachtvollere Kleidung.

Es gibt heutzutage verschiedene Krippenformen, von denen neben der klassischen vor allem die neapolitanische Krippe erwähnenswert ist. Sie ist ausgesprochen kunstvoll gestaltet. Marktszenen oder große Feste umgeben den Augenblick der Geburt, so dass die Krippe selbst vollkommen in den Hintergrund rückt. Vor allem in Süddeutschland und im Alpenraum sind solche Krippen heute sehr beliebt.
Als man im 18. Jahrhundert vor allem in Österreich verbot, Krippen in öffentlichen Räumen aufzustellen, begannen die Menschen damit, sich ihre eigene Krippe ins Wohnzimmer zu stellen.Bevor es den Weihnachtsbaum gab, war die Krippe das zentrale Dekorationselement des Weihnachtsfestes. Zwar konnten die Verbote sich nicht endgültig durchsetzen, doch hatte sich die eigene Krippe in der Zwischenzeit zu einer fest etablierten Tradition entwickelt.

Normalerweise wird die Krippe erst am Heiligen Abend aufgestellt, es gibt aber auch Regionen, in denen man sie bereits mit dem 1. Advent ins Wohnzimmer stellt. Traditioneller Weise kommen die Heiligen Drei Könige erst am Dreikönigstag, dem 6. Januar, zur Krippe dazu. Bis Maria Lichtmess am 2. Februar blieb die Krippe dann stehen. Heutzutage räumt man sie allerdings oft mit dem Weihnachtsbaum nach dem Dreikönigsfest weg und stellt die drei Weisen deshalb von Anfang an mit zur Krippenszene. Das Jesuskind, die Eltern, Ochse und Esel sind die wichtigsten Figuren der Krippe, gefolgt von den Heiligen Drei Königen.Hirten, Schafe und ein Verkündigungsengel kommen hinzu. Wer heutzutage eine Krippe kaufen möchte, der kann sie auch ausgefallener gestalten: Es gibt Lagerfeuer, Gießkannen, zusätzliche Tiere, Hühnerställe, Aborte und Hirten, die gerade hinter einem Busch .... Nicht alles ist geschmackvoll, aber erlaubt ist, was gefällt.

Es gibt heutzutage zahlreiche Krippentypen, wie zum Beispiel Krippenställe, Höhlen, Tempel, Krippen in der Landschaft, Krippen in einer Kiste, Minikrippen oder Großkrippen. Es gibt orientalische Krippen, in denen die Geburt im Heiligen Land dargestellt wird, Heimatkrippen (zum Beispiel verschneite Berge) oder Naturkrippen. Sie sind aus Holz oder Kunststoff, Gips oder Marmor und Naturmaterialien. Wer gar nicht genug von Krippen bekommen kann, der findet im deutschsprachigen Raum übrigens ganze 25 Krippenmuseen.

An dieser Stelle möchte ich noch – ganz schamlos – Werbung für das Krippenhaus Gerdsmann machen: Auf der Webseite der Familie findet Ihr zwar eher Standard, dafür organisiert sie Euch jede noch so ausgefallene Krippe und verschifft sie notfalls auch noch nach Asien.

Die Weihnachtspyramide

Eine Weiterentwicklung der Krippe ist die Weihnachtspyramide. Es handelt sich dabei um ein kunstvoll hergestelltes, pyramidenförmiges Gebilde aus Holz. Sie kommt ursprünglich aus dem Erzgebirge und ist mit Krippenszenen verziert. Mittlerweile gibt es aber auch viele Weihnachtspyramiden, deren Motive eher weltlich sind. Dann sieht man zum Beispiel Wälder mit Tieren oder Bergleute bei der Arbeit. Schon im Mittelalter fertigten die Menschen aus immergrünen Zweigen und Kerzen Pyramiden. Beides sollte Unheil in der dunklen Winterzeit abwenden. Etwa im 18. Jahrhundert entwickelte man daraus die heutigen Pyramiden. Ursprünglich bestanden sie aus vier Stäben, die mit grünen Zweigen umwickelt und wie eine Pyramide oben an der Spitze zusammengebunden wurden. Es entwickelte sich ein richtiger Handwerkszweig daraus, die Leuchterbauer. Ihre Aufgabe war es, große Weihnachtspyramiden für die Kirche zu konstruieren und die Kerzen während des Gottesdienstes anzuzünden. Von Berlin ausgehend stellte man die Weihnachtspyramide im 18. und 19. Jahrhundert vor allem auf Marktplätzen auf, ehe sie durch den Weihnachtsbaum ersetzt wurden.

Weihnachtspyramiden sind wie ein Karussell gestaltet, das sich dreht. Möglich wird das durch ein Flügelrad, das durch Luftzug angetrieben wird. Für gewöhnlich werden an der Pyramide kleine Kerzen angebracht, deren Wärme für Bewegungen in der Luft sorgt und die so das Rad antreibt.

Das Weihnachtssingen

Beim Weihnachtssingen handelt es sich um einen sehr weit verbreiteten Brauch, nicht nur in Deutschland, sondern in der ganzen Welt. Schon im 15. Jahrhundert begann man damit, zur Einstimmung auf die Weihnachtszeit lateinische Lieder zu singen. Martin Luther übersetzte diese Lieder später ins Deutsche und weitere Lieder wie „Stille Nach, Heilige Nacht“ kamen hinzu.Das Weihnachtssingen erfolgt in Schulen und auf Weihnachtsmärkten, ist aber in vielen Familien aber auch eine Tradition zur Bescherung. Auch bei mir war es teilweise ja so, dass wir erst einmal Weihnachtslieder gesunden haben, ehe es Geschenke gab. Das deutsche Volksgut beinhaltet hunderte von Kirchen- und Volksliedern, doch viele Menschen kennen nur noch die zur Weihnachtszeit gesungenen Lieder. Eigentlich ist das schade.

Der Weihnachtsstollen

Der Weihnachtsstollen, vielen auch besser bekannt als Christstollen, ist ein traditionelles Weihnachtsgebäck. Der Name „Stollen“ kommt von einer bestimmten Teigsorte, so wie es ja zum Beispiel auch den Hefestollen gibt. Die flache, leicht abgerundete Form des Christstollens soll an das in ein Tuch gewickelte Jesuskind erinnern, das in seiner Krippe liegt. Ursprünglich verzehrten die Klöster in der Adventszeit nur Lebensmittel, die aus Mehl, Wasser und Hefe gefertigt wurden. Eier und Milch beispielsweise waren tabu. Im 14. Jahrhundert schenkte ein Naumburger Bäcker dem Bischof Heinrich den ersten Christstollen. Wie es die Fastengesetze geboten, bestand er aus Wasser, Hafer und Öl. 1491 erlaubte Papst Innozenz VIII. die Verwendung von Butter für die Christstollen, wenn man dafür eine Spende für den Bau des Doms von Freiberg tätigte. So wurde das heutige Stollenrezept begründet.

Der Bäcker des sächsischen Fürstenhofes soll es dann gewesen sein, der den Fastenstollen um Rosinen und Früchte erweiterte und so den heutigen Christstollen erfand. 1747 taucht der Name zum ersten Mal in einer Rechnung an den in Dresden residierenden Hof auf. Bald schon wurde der Christstollen – in sächsischem Akzent „Striezel" genannt – ein echter Verkaufsschlager. Der älteste Weihnachtsmarkt Deutschlands, der Dresdner Striezelmarkt, hat daher seinen Namen. Traditionell buken die sächsischen Bäcker meterlange Stollen, die am Hof der sächsischen Fürsten aufgeteilt wurden. Daher rührt die Tradition des Stollenfestes, bei dem noch heute Bäcker Christstollen packen und unter der Bevölkerung verteilen. Neben dem originalen Dresdner Stollen gibt es mittlerweile noch einige Unterarten wie den Bremer Klaben, den Westfalenbäckerstollen, den Kölner Stollen oder das Schittchen. Das Bundesministerium für Landwirtschaft, Ernährung und Verbraucherschutz hat in einer Verordnung eigens festgelegt, welche Zutaten in einem Stollen vorhanden sein müssen. In den Leitsätzen heißt es: „Stollen enthalten mindestens 30 kg Butter oder die entsprechende Menge Milchfetterzeugnisse oder Margarine oder praktisch wasserfreier Fette sowie 60 kg Trockenfrüchte – ausschließlich Rosinen, Sultaninen oder Korinthen –, auch Zitronat und Orangeat, bezogen auf 100 kg Getreideerzeugnisse und/oder Stärken, sofern sich aus den nachfolgenden Anforderungen nichts anderes ergibt. Eine Verwendung von Erdnüssen und anderen Leguminosen-Samen ist nicht üblich". Dennoch gibt es verschiedene Variationen wie Mandelstollen, Butterstollen, Marzipanstollen, Mohnstollen, Nuss-Stollen, Quarkstollen, Champagnerstollen, Rotweinstollen und, und, und.

Der Wunschzettel

Er gehört wohl zu den wichtigsten Dingen, mit denen ein Kind sich an Weihnachten beschäftigt. Da die Ideen der Eltern beim Nachwuchs nicht immer gut ankommen, ist man in vielen Familien dazu übergegangen, dass das Kind anlässlich des Festes einen Wunschzettel bastelt. Auf ihm hält es seine Wünsche für das Weihnachtsfest fest. Wunschzettel können je nach Alter des Kindes gemalt, geschrieben oder mit Hilfe von Werbezeitungen, Klebstoff und Schere gebastelt werden. Um das Christkind wohlgesonnen zu stimmen, wird der Wunschzettel hübsch mit weihnachtlichen Motiven und hin und wieder sogar mit einem Gedicht verziert. Der fertig geschriebene Brief wird dann an eine bestimmte Stelle in der Wohnung gelegt, wo die Engel ihn über Nacht abholen. Manchmal versprechen die Eltern auch, dem Christkind ihren Brief zu geben oder bringen ihn gemeinsam mit dem Kind zum Briefkasten.

Der Christbaum

Was es mit der Tradition des Christbaums auf sich hat, haben wir ja schon weiter oben besprochen: Das Immergrün der Tanne soll Leben ins winterliche Haus bringen, die Kerzen die Dunkelheit erhellen. Schon früh begann man damit, den Christbaum zu schmücken.

Weihnachten wird schon seit mehr als 1000 Jahren gefeiert. Doch Christbaumkugeln und Lichterketten sind eine vergleichsweise moderne Erfindung. Wie hat man also vor 200 Jahren den Weihnachtsbaum festlich geschmückt?

Die meisten Familien hatten damals nicht viel Geld. Einen opulenten Christbaumschmuck konnten sie sich deshalb nicht leisten. Kerzen gehörten zum Schmuck selbstverständlich dazu, doch auch hier konnte man große Unterschiede sehen. Teure Bienenwachskerzen konnten sich nur die besser gestellten Familien leisten. Die Ärmeren schmolzen sich ihre Weihnachtskerzen aus Resten zusammen oder stellten sie aus stark rußendem Kalk her.

Beim Schmuck des Christbaums griff man vor allem auf Geschenke zurück. Die Berge von in hübschem Papier verpackten Geschenken kannte man damals noch nicht. Es gab Süßigkeiten und vielleicht das eine oder andere Spielzeug. Und die waren so klein, dass man sie einfach an den Weihnachtsbaum hängen konnte. Das beste Beispiel sind wohl die gebogenen, rot und weiß gefärbten Zuckerstangen, die man einfach über den Zweig hängen konnte. Auch Lebkuchen oder Printen, die sehr haltbar waren, wurden an Bindfäden befestigt und an den Baum gehangen. Wer es sich leisten konnte, der hängte nicht nur einfach Nüsse an die Zweige seiner Weihnachtstanne, sondern vergoldete sie noch mit Farbe. Der Weihnachtsbaum war vor der Erfindung der Christbaumkugeln also eher ein mit zahlreichen Leckereien gedeckter Tisch und weniger ein Schmuckstück, das man einfach nur ansah.

Um den Weihnachtsbaum noch zu verschönern, bastelte man seinen Christbaumschmuck oft auch selbst. Sterne oder Engel aus Stroh wurden in den Wochen vorm Fest mühsam geflochten und dann an den Baum gehangen. Wer handwerklich geschickt war, der konnte aus kleinen Holzresten Engel und Schaukelpferdchen schnitzen, die dann ebenfalls an die Zweige gehangen wurden. Auf die Idee, seinen Christbaumschmuck zu kaufen, wäre damals wohl niemand gekommen.

Heute sieht das ganz anders aus: Eine bei uns noch eher seltene Möglichkeit des Christbaumschmucks sind die Christbaumfiguren. Es handelt sich dabei um aus Glas geblasene oder aus Kunststoff gegossene Figuren, die man sich wie Kugeln an den Weihnachtsbaum hängt. Sehr beliebt sind winterliche Motive wie Schneemänner, die entweder einfach nur fröhlich dreinblicken oder sogar mit Skiern den Weihnachtsbaum hinunter fahren.

Aber auch weihnachtliche Figuren gehören zu diesem Sortiment dazu. Köpfe des Weihnachtsmannes, kleine Engel oder Krippenfiguren gehören zu dieser Gruppe. Auch kleine Wichtel dürfen hier nicht fehlen. Sie haben Bündel von Holz auf dem Rücken oder einen lustigen Pilzhut auf dem Kopf. Auch der Weihnachtsmann tritt nicht nur im klassischen Format auf. Wessen Weihnachtsbaum ruhig etwas unkonventioneller gestalten möchte, der kann Santa Claus auch mit dem Motorrad über den Weihnachtsbaum fahren lassen.

Ganz exotisch geht es mit Mohrenköpfen zu. Dunkelhäutige Männer und Jungen aus dem Orient spielten vor allem zu Beginn des 20. Jahrhunderts eine wichtige Rolle. Sie waren uns Europäern fremd und weckten daher eine besondere Faszination. Zeitweise fanden sie sich nicht nur als Motive auf Kleidungsstücken, Möbeln und Bildern wieder, sondern eben auch am Weihnachtsbaum. Wer seinem Christbaum also einen Hauch von Ancient Regime verleihen möchte, der ist mit einem kleinen Mohr richtig beraten.

Ein ganz besonderes Highlight ist es, wenn man in seinem Haus Platz für einen richtig großen Baum hat, zum Beispiel für eine Kiefer. Dann kommt man mit kleinem Christbaumschmuck allerdings nicht weit. Große Weihnachtsfiguren wirken unter einem großen Baum nicht so verloren, wie kleine es täten.

Christbaumkugeln sind an deutschen Weihnachtsbäumen wohl der Klassiker. Das ist auch nicht weiter verwunderlich, wurden sie doch auch in Deutschland erfunden. Genauer gesagt im thüringischen Lauscha. Anfangs handelte es sich lediglich um schlichte Glaskugeln, die das Licht der Kerzen einfingen und wieder zurückwarfen. Bald begann man damit, die Kugeln zu verspiegeln, um das Strahlen noch zu erhöhen, und sie mit Farben zu bemalen.

Heute sind die Christbaumkugeln aus keinem weihnachtlichen Wohnzimmer mehr wegzudenken. Es gibt sie in allen erdenklichen Farben. Nicht nur die klassischen Weihnachtsfarben Rot und Gold sind vertreten, sondern auch ausgefallenere Farben wie lila und schwarz. Auch in Sachen Größe ist von der winzigen Kugel bis zur fußballkugelgroßen Weihnachtskugel alles möglich. Welche Größe man im Endeffekt wählt, hängt in erster Linie vom Baum ab. Je höher der Baum ist und je länger seine Nadeln sind, desto größer sollten auch die Christbaumkugeln sein. Denn kleine gehen in den großen Ästen schnell unter.

Was die Farbe und die Motivik angeht, hat man vollkommen freie Auswahl. Manche Menschen schwören auf eine Kombination von zueinander passenden Farben, während andere Menschen es möglichst bunt mögen.

Warum soll man einen Weihnachtsbaum eigentlich nur mit Christbaumkugeln und Lametta behängen? Moderne Herstellungsverfahren machen so ziemlich alles rund um den Christbaum möglich, auch wenn die einzelnen Schmuckstücke vielleicht nicht mehr für jeden etwas mit Weihnachten zu tun haben. Autofans können sich zum Beispiel einen kleinen VW-Bus an den Weihnachtsbaum hängen. Und wer eine Neigung zum schönen Geschlecht hat, der findet auch hier die passenden, knapp bekleideten Figürchen für den Weihnachtsbaum.

Dass man ungewöhnlichere Figuren statt dem klassischen Schmuck nimmt, ist übrigens gar nicht so neu. Größere Unternehmen setzen schon seit Jahren auf Kugeln in ihrem Corporate Design. Und während der Zeit des Zweiten Weltkrieges war es zumindest in bestimmten gesellschaftlichen Schichten gar nicht so unüblich, dass man sich statt Kugeln Handgranaten aus Holz oder Glas an den Baum hing.

Ein Weihnachtsbaum muss nicht immer nur mit weihnachtlichen Motiven geschmückt sein. Beliebte Motive sind auch Tiere und Pflanzen des Waldes. Während Rentiere und Vögel ebenso wie Ziegenböcke an Christbäumen relativ häufig zu sehen sind, dürfte ein Pilz oder ein Reh den einen oder anderen Betrachter wohl eher verwundern. Doch es gibt keine Regeln, wie man seinen Weihnachtsbaum schmücken darf. Warum also nicht einen Weihnachtsbaum so gestalten, dass er aussieht, als käme er frisch aus dem Wald?

Viele Kaufhäuser und Versandhäuser sind auf einen unkonventionelleren Geschmack ihrer Kunden mittlerweile eingestellt und bieten deshalb auch ungewöhnlicheren Christbaumschmuck an.

Zu einem Weihnachtsbaum gehört nicht nur der Schmuck, sondern auch die passende Beleuchtung dazu. Bevor das elektrische Licht erfunden wurde, verwendete man dazu vor allem Kerzen aus Bienenwachs oder Paraffin. Auch heute noch werden Kerzen gerne für den Weihnachtsbaum verwendet, da sie ein ganz besonders warmes und angenehmes Licht ausstrahlen, das vor allem von den Christbaumkugeln besonders schön reflektiert wird. Das Licht der Kerzen ist dabei hell genug, um den ganzen Raum in ein sanftes Licht zu tauchen.

Allerdings sollten einige Regeln beachtet werden, wenn man den Weihnachtsbaum mit echten Kerzen schmückt. Die Äste des Baumes müssen stark genug sein, um das Gewicht zu halten. Vor allem Tannen empfehlen sich dafür. Bei anderen Bäumen wie der Fichte könnten sich die Zweige unter dem Gewicht nach unten neigen. Dann tropft das Wachs der Kerze auf den Boden. Damit das auch bei starken Ästen nicht passiert, sollte man darauf achten, die Kerzen möglichst gerade aufzustellen.

Von Kerzen geht grundsätzlich Brandgefahr aus. Nur zu schnell kann es passieren, dass ein leichter Luftzug die Flamme verweht und so einer der trockenen Zweige entzündet. Bei der Verwendung von Kerzen am Weihnachtsbaum sollte man also auch auf die Sicherheit achten. Die Kerzen sollten so stehen, dass es weder über noch neben der Kerze Äste gibt, die Feuer fangen könnten. Außerdem sollte man einen möglichst frischen Baum wählen und darüber hinaus eine Sorte, die nur schwer Feuer fängt. Damit auch wirklich nichts passieren kann, sollte man einen Baum mit brennenden Weihnachtskerzen niemals unbeaufsichtigt lassen und immer einen Feuerlöscher griffbereit haben.

Beachtet man diese Regeln, dann kann man viel Freude an einem ganz besonderen Weihnachtsbaum haben. Sanftes Licht und ein herrlicher Duft nach Bienenhonig erfüllen den weihnachtlichen Raum und schaffen so eine besonders festliche Stimmung.

Die Lichterkette ist das klassische Beleuchtungsmittel für den Weihnachtsbaum. Sie besteht je nach Länge aus zehn, zwanzig, dreißig oder mehr einzelnen, elektrischen Kerzen, die über ein Kabel miteinander verbunden sind. Je nach dem, was für einen Baum man hat und wie dicht man die Lichter setzen möchte, kann man zwischen kleineren und größeren Kerzen wählen. Die großen Kerzen lassen sich häufig einfach abschalten, indem man eines der Lichter aus seiner Fassung dreht. Der Stromkreislauf wird dadurch unterbrochen und keine der Kerzen leuchtet mehr. Das trifft allerdings auch häufig bei beschädigten Glühbirnen zu, die vor dem Betrieb der Lichterkette ausgewechselt werden müssen. Die kleinen Lichterketten mit ihren winzigen Glühbirnen arbeiten mit einer anderen Technik. Werden hier Birnen beschädigt, so leuchtet der Rest der Kette trotzdem weiter.

Bei der Anschaffung einer Lichterkette sollte man darauf achten, ob sie für Innen oder für Außen geeignet ist. Lichterketten für außen sind wasserfest, so dass Schnee und Regen nicht zu Problemen mit dem Strom führen können. Sie sind allerdings auch etwas teurer als Lichterketten für den Innenraum, die nicht gegen Feuchtigkeit gesichert sind. Immer populärer werden auch Lichterschläuche, in denen sich LED befinden. Sie werden in erster Linie auf Hausdächern oder an großen Weihnachtsbäumen im Außenbereich eingesetzt.

Neben den handelsüblichen Kerzen und Lichterketten gibt es mit LED Kerzen etwas noch vergleichbar Junges auf dem Markt. Bei den LED Kerzen handelt es sich um besonders energiesparende Lichter, die nicht mit Strom betrieben werden müssen. Eine einfache, kleine Batterie reicht aus, um diese Kerzen zum Leuchten zu bringen. Dadurch ist es nicht mehr notwendig, die Lichter zu verkabeln und an der Steckdose anzuschließen. Dadurch gibt es nicht nur keine Kabel mehr, die zur Stolperfalle werden könnten. Die Lichter lassen sich auch besser auf dem Weihnachtsbaum verteilen. Eingeschaltet werden sie dann über Funk.

Obwohl LED Lichterketten in der Anschaffung etwas teurer sind, bestechen sie vor allem dadurch, dass sie kaum Energie verbrauchen. Ist eine einzelne Kerze beschädigt, lässt sie sich auch wesentlich leichter austauschen, als dies bei der handelsüblichen Lichterkette möglich wäre. Einen Nachteil haben LED Kerzen aber dennoch: Sie sind nicht besonders hell. Zwar leuchten sie im Dunkeln, strahlen aber kaum Licht aus, das von den Kugeln zurückgeworfen werden könnte. Anders als bei richtigen Kerzen oder der Lichterkette könnte man einen Raum also nicht einzig und allein durch die Lichterkette aus LED beleuchten. Das nimmt vielen das Gefühl der Besinnlichkeit, das mit der Weihnachtsbaumbeleuchtung einher geht. Ganz neue LED Kerzen umgehen dieses Problem mittlerweile, kosten dafür aber auch ein bisschen mehr.

Beliebte Weihnachtsbäume

Die Colorado-Tanne ist ein nordamerikanischer Weihnachtsbaum und hierzulande noch sehr selten. In der Natur kann die Tanne bis zu fünfzig Meter und mehr groß werden und eine Stammdicke von bis zu 150 Zentimetern erreichen. Die Nadeln sind auf beiden Seiten blau-grün gefärbt und können bis zu 7,5 Zentimeter lang werden. Sie sind damit die längsten Nadeln aller Tannenarten. Das Auffällige an der Colorado-Tanne ist, dass die Nadeln sich nicht nach unten senken, sondern aufwärts biegen. Sie verströmt einen intensiven Duft nach Wald und Zitrone und ist deshalb ein sehr beliebter Weihnachtsbaum.

Die Douglasie gehört zu den Kiefern und ist ein nordamerikanischer Weihnachtsbaum. Bei ungehindertem Wachstum kann der Baum bis zu 60 Meter hoch werden und ein Alter von bis zu 1.400 Jahren erreichen. Als Christbaum ist die Douglasie vor allem wegen ihrer Nadeln beliebt. Sie verströmen einen leicht zitronenartigen Duft, sind sehr weich und drei bis vier Zentimeter lang. Die Haltbarkeit dieser Kiefernart ist eher mittelmäßig und mit der Blaufichte zu vergleichen. Preislich liegt sie allerdings häufig etwas darunter.

Die Edeltanne ist einer der haltbarsten Weihnachtsbäume und übertrifft darin sogar noch die beliebte Nordmanntanne. Dieser Baum ist vor allem im Nordosten von Nordamerika beheimatet und kann bis zu 80 Meter hoch werden. Mit einem möglichen Alter von bis zu 800 Jahren ist sie gleichzeitig eine der ältesten Tannengattungen der Welt.

Als Weihnachtsbaum überzeugt die Edeltanne aber nicht nur wegen ihrer guten Haltbarkeit, sondern auch durch ihr dichtes, blaugrün schimmerndes Nadelkleid. Die Nadeln duften sehr intensiv nach Orange und sitzen auf etagenförmig angeordneten Zweigen.

Die Fichte ist vor allem wegen des günstigen Preises ein beliebter Weihnachtsbaum. Sie ist ein einheimischer Baum und kann bis zu 80 Meter groß werden. Die Nadeln sind von einem satten, dunkelgrünen Ton und stechen nur wenig. So macht auch das Aufstellen im Haus keine größeren Probleme. Leider ist die Fichte nicht nur der günstigste Baum, sondern auch der am wenigsten haltbare. Er beginnt schon nach wenigen Tagen zu nadeln. Deshalb sollte man die Fichte erst am Tag vor Heiligabend schlagen, um möglichst lange etwas von der grünen Pracht zu haben.

Eine Unterart der Fichte, die ebenfalls gern als Weihnachtsbaum verwendet wird, ist die Blaufichte. Ihre Nadeln haben einen leichten, blauen Schimmer, woher auch der Name rührt. Ihre Haltbarkeit ist ein bisschen besser als die der gewöhnlichen Fichte, was sich auch im Preis niederschlägt. Die Äste der Fichte wachsen relativ gleichmäßig und sind sehr stark. Sie sind deshalb auch für schwereren Christbaumschmuck – zum Beispiel Holzschmuck oder echte Kerzen – hervorragend geeignet. Ihre Nadeln duften sehr stark nach Wald, stechen dafür aber leider auch mehr.

Die Kiefer ist in deutschen Wohnzimmern ein seltener Vertreter. Das liegt vor allem daran, dass der Baum recht hoch und breit wächst und entsprechend viel Platz beansprucht. Während dieser Baum in Deutschland gerade erst im Kommen ist, ist er bei unseren Nachbarn schon länger sehr beliebt. Wegen ihrer Größe eignet sich die Kiefer eignet sich in erster Linie für große Wohnzimmer oder Foyers von Gebäuden.

Typisch für die Kiefer sind die langen, hellgrünen Nadeln. Gleichzeitig verströmt sie einen angenehmen Duft nach Wald. Die Äste sind stark und können auch schweren Schmuck tragen. Wegen der großen Nadeln und der Größe des Baumes sollte man große Christbaumkugeln bevorzugen. Die Kiefer ist unter den Weihnachtsbäumen einer der haltbarsten, befindet sich preislich aber auch im oberen Segment.

Die Nordmanntanne ist der beliebteste, deutsche Weihnachtsbaum. Sie besticht vor allem wegen ihrer guten Haltbarkeit und den kräftig grünen, weichen Nadeln. Der Baum hat einen gleichmäßigen Wuchs, benötigt aber zwölf bis fünfzehn Jahre, um eine für einen Weihnachtsbaum geeignete Größe zu erreichen. Aus diesem Grund ist die Nordmanntanne auch einer der teuersten Weihnachtsbäume in Deutschlands Wohnzimmern. Auch wenn diese Tanne ein einheimischer Baum ist, werden jedes Jahr rund 10 Millionen Christbäume dieser Sorte aus Dänemark importiert. Hier werden die meisten dieser frostresistenten Bäume angebaut.

Die Zuckerhutfichte ist ein verhältnismäßig kleiner, dafür aber von einem dichten Nadelkleid besetzter Weihnachtsbaum. Diese Pflanze stammt ursprünglich aus Kanada (nicht aus Brasilien, wie man angesichts des Namens vermuten könnte) und wird in Deutschland gerne in Kübeln angepflanzt. Als Weihnachtsbaum kommt sie vor allem in kleineren Räumlichkeiten wie Büros oder kleinen Ladenlokalen in Frage. Da sie sich im Kübel aufstellen lässt, ist eine hohe Haltbarkeit gewährleistet.

Neben all den teuren, mehr oder weniger gut haltbaren und gleichmäßig gewachsenen Weihnachtsbäumen gibt es auch noch eine andere Möglichkeit: Den künstlichen Christbaum. Dabei handelt es sich um Tannenbäume aus Kunststoff, die man jedes Jahr neu aufbauen kann. Künstliche Weihnachtsbäume werden platzsparend aufbewahrt und können so auch gut in den Weihnachtsurlaub mitgenommen werden. Sie haben den Vorteil, dass sie keine Nadeln verlieren, gleichmäßig aufgebaut sind und deshalb sehr schön aussehen. Allerdings fehlen bei künstlichen Weihnachtsbäumen der typische Duft nach Wald und das natürliche Aussehen.

Künstliche Weihnachtsbäume sind vor allem in den USA sehr beliebt, finden aber auch in Deutschland immer öfter Anwendung. Es gibt sie nicht nur in grün, sondern auch in Trendfarben wie weiß und lila. Oft werden die Weihnachtsbäume gleich zusammen mit Beleuchtung und Dekoration verkauft

Mein Lieblingsbaum ist und bleibt die Kiefer. Sehr enge Freunde von mir haben in ihrem Haus eine sechs Meter hohe Galerie, in der jedes Jahr ein entsprechend großer Weihnachtsbaum aufgestellt wird. Mit einem Seilzug an der Decke wird der Gigant aufgestellt, von der Galerie aus werfen wir dann Lametta und anderes auf den Baum, die Kugeln (20 Zentimeter Durchmesser!) werden dann mit Hilfe einer Leiter aufgehängt. DAS ist ein Baum!

Die Religion, ihre Legenden und Mythen

Weihnachten ist ein sehr religiöses Fest und nach Ostern das wichtigste Fest der christlichen Gemeinschaft. In Anbetracht dieses Hintergrundes könnte man sich jetzt fragen, wieso auch Leute, die nicht an Gott glauben oder ihn sogar doof finden, noch Weihnachten feiern. Aber ich stelle diese Frage nicht, denn für mich ist Weihnachten ja auch das schönste Fest im Jahr und ich denke das kann man auch ohne religiösen Hintergrund finden. Für alle, die dennoch ein wenig mehr über das Weihnachtsfest wissen möchten, habe ich an dieser Stelle ein paar Fakten, aber auch Legenden und Mythen rund um Christi Geburt und das damit verbundene Fest gesammelt.

Das Julfest – zumindest der kalendarische Ursprung Weihnachtens

Schon lange, bevor es das Christentum gab, spielte die Zeit rund um den 24. Dezember eine wichtige Rolle bei vielen keltischen und germanischen Völkern. Zur Zeit der Wintersonnenwende, also am 21. Dezember, feierte man – vermutlich dem germanischen Göttervater Odin zu Ehren – das *Julfest*. Um den heidnischen Völkern den Übergang zum Christentum zu erleichtern, war es in der damals immer einflussreicher werdenden christlichen Kirche üblich, wichtige Feiertage in der Nähe der heidnischen Feiertage anzusiedeln. Ähnlich wie beim Osterfest wurde Weihnachten also gezielt auf das Julfest gelegt, um den „Heiden" die Umstellung auf das Christentum zu erleichtern. Dass Jesus wirklich am 24. Dezember geboren wurde, ist nicht bewiesen und eher fraglich.

Das Julfest bei den heidnischen Völkern

Die Entstehung des Julfestes ist sehr umstritten. Man weiß nicht genau, wann dieser Kult entstand. Auch Vermutungen, dass im Winter anlässlich der Wintersonnenwende Tieropfer dargebracht wurden, konnten bisher nicht eindeutig bestätigt werden. Das Fest wurde in Skandinavien als *"alfablót"* gefeiert, während man das Julfest im angelsächsischen Raum als die *"Nacht der Mütter"* bezeichnete. Auch in Island und Irland und natürlich auch hier in Deutschland, kannte man dieses bedeutende Fest. Eine der wichtigsten Kultstätten für das Julfest im deutschen Raum sind die Externsteine im Teutoburger Wald. Schon 10.000 vor Christus kamen die Menschen an dieser bizarren Felsformation zusammen. Als ritueller Kultplatz werden sie aber vermutlich erst seit dem 10. Jahrhundert genutzt. Daran hat sich bis heute nicht viel geändert, noch immer finden sich zahlreiche Menschen zur Feier von Sommer- und Wintersonnenwende hier ein.

Je nach Region beinhaltet das Julfest verschiedene Traditionen. Neben den vermeintlichen Tieropfern war zum Beispiel das Jultrinken ein fester Bestandteil des Festes. Daneben spielt der Julbock eine wichtige Rolle. Aller Wahrscheinlichkeit nach geht er auf die Ziegenböcke des Gottes Odin zurück. In vorchristlicher Zeit, war man davon überzeugt, dass ein dämonischer Ziegenbock sich zum Julfest den Häusern der Menschen näherte, um dort einzudringen. Gleichzeitig war er ein wichtiges Symbol der Fruchtbarkeit und stand unmittelbar mit dem Göttervater Odin in Verbindung: Sein Wagen wurde von Widdern gezogen und gelegentlich soll er in Gestalt eines Ziegenbocks auf die Welt gekommen sein. Da Blitze ein wichtiges Attribut des Gottes waren, pflegte man vom Blitz erschlagene Ziegenböcke nicht zu essen – sie galten als Opfer Odins. Um böse Geister zu vertreiben, war es in vielen Dörfern üblich, dass die Jungen sich als Julbock verkleideten und alle Menschen erschreckten. In einigen Regionen wurden damit zusammenhängend Schauspiele vorgeführt, während der Julbock in anderen Regionen durch Julbier besänftigt werden konnte. Gerade in nordischen Ländern brachte der Bock zum Julfest auch die Geschenke – bis der Weihnachtsmann ihn verdrängte (darum bekommt man zur Weihnachtszeit im IKEA auch immer so viel Dekoration mit Steinböcken).

Fest mit der Wintersonnenwende und dem Julfest einher gehen auch die zwölf Rauhnächte, die auch in der christlichen Weihnachtsgeschichte eine Rolle spielen. Die Germanen glaubten damals daran, dass in diesen zwölf Nächten, die sich direkt an das Julfest anschlossen, das Tor zur Geisterwelt offen stünde. Deshalb ließ man Essen stehen oder brachte es zu besonderen Kultstätten, damit die verstorbenen Ahnen sich daran gütlich tun konnten. Für Odins göttliches Pferd *Sleipnir* stellte man Futter vor die Tür.

Das Julfest im Mittelalter

Karl der Große beschloss im Jahr 800, das Weihnachtsfest offiziell zu feiern. Das bis dahin weit verbreitete Julfest ließ er bei Todesstrafe verbieten. Doch ließ sich der heidnische Glaube nicht so einfach aus dem Volk austreiben. In ganz Europa legten christliche Herrscher das Fest daher auf den 24. oder 25. Dezember, um dem Volk so eine christliche Alternative zu den "gottlosen" Ritualen zu bieten. Auch deshalb setzte sich das Weihnachtsfest schließlich durch – und übernahm überraschend wenige Brauchtümer aus dem Julfest. Denn Wissenschaftler sind sich einig, dass das Fest zur Wintersonnenwende – so unromantisch und wenig rühmlich das auch klingen mag – in erster Linie ein Gelage war. Und das vertrug sich nicht mit christlichen Vorstellungen.

Da sich das Christentum in Mitteleuropa immer mehr durchsetzte, wurde das Julfest nach und nach auf den skandinavischen Raum verdrängt. Hier entwickelte sich das Fest beständig weiter. Zum Julbock und Jultrinken gesellte sich das Julstroh, das unsichtbaren Geistern als Bett dienen sollte. Mit dem Julbrot kam die Sitte auf, Brot an vollkommen fremde Menschen zu verteilen. In vielen Orten wurden Julfeuer veranstaltet, die aber bald von der Obrigkeit verboten wurden. Sie sollten den Glanz des christlichen Weihnachtsfestes nicht trüben.

Die schwierige Neuzeit und das Julfest

In der Neuzeit wurde das Julfest auch in Mitteleuropa wieder beliebter, was leider einzig und allein den Nationalsozialisten und ihrem germanischen Denken zuzuschreiben war. Sie ließen zahlreiche christliche Feste umgestalten, um so die Nähe des deutschen Volkes zu den Germanen zu unterstreichen. Es wurden eigene Bücher zu diesem Thema herausgegeben, der Christbaum wurde zum Julbaum umbenannt und das Kreuz durch das germanische Hakenkreuz ersetzt. Tatsächlich griffen vor allem Familien in Parteinähe dieses Julfest wieder auf. Der Großteil der Bevölkerung feierte allerdings sein gewohntes Weihnachtsfest weiter.

Es gibt einige modernere Bewegungen, die das Julfest auch heute noch feiern. Dazu gehören zum Beispiel *Wicca* und das sogenannte "Neuheidentum". Sie greifen alte Bräuche wieder auf, die die Volkskunde erforscht hat. So treffen sich beispielsweise auch heute noch zur Wintersonnenwende zahlreiche Menschen, um an den weiter oben bereits erwähnten Externsteinen das Julfest zu feiern. Kerngedanke dieses modernen Festes ist es, die wiedergeborene Sonne zu feiern, da die Tage ab dem 22. Dezember wieder länger werden.

Die Weihnachtsgeschichte

Im Jahr 0 unserer Zeitrechnung – so schreibt es zumindest die Kirche erfährt die Jungfrau Maria durch den Engel Gabriel, dass sie bald den Sohn Gottes gebären

werde. Etwa zur selben Zeit führt der damals herrschende, römische Kaiser Augustus eine Volkszählung durch. Aus diesem Grund hat jeder Mensch an den Ort zurückzukehren, an dem der Familienvater geboren wurde. Maria ist mit dem Schreiner Josef verlobt und begibt sich daher – mittlerweile hochschwanger – auf den Weg nach Betlehem. Dort finden sie allerdings keine Unterkunft, weshalb sie auf einen Stall ausweichen müssen – hier bringt Maria noch in derselben Nacht das Jesuskind zur Welt. Nach historischem Vorbild handelte es sich dabei vermutlich weniger um einen gebauten Stall, sondern eher um eine Höhle, in der das Vieh gehalten wurde. Die Krippe war vermutlich lediglich eine kleine, mit Stroh ausgepolsterte Nische im Fels.
Noch in derselben Nacht sucht ein Engel in der Nähe befindliche Hirten auf und verkündet ihnen, dass soeben der Heiland geboren worden sei. Weitere Engel kommen hinzu und versprechen den Menschen den Frieden auf Erden. Die Hirten eilen daraufhin nach Betlehem, um das Christuskind zu sehen und zu preisen. Anschließend kehrten sie zu ihren Herden zurück und zogen in die Welt aus, um die frohe Botschaft zu verbreiten,
Dies ist die Weihnachtsgeschichte nach Lukas. Auch der Evangelist Matthäus hat die Weihnachtsgeschichte festgehalten. In seiner Version wurde Jesus in einem ganz normalen Haus geboren und dort von Sterndeutern aus dem Osten besucht, die einem Stern nach Betlehem gefolgt waren. Auf der Suche nach dem „König der Juden" begingen die drei Weisen allerdings den fatalen Fehler, den Jerusalemer König Herodes zu befragen. Eifersüchtig und besorgt um seine Macht beschließt er daraufhin, alle Erstgeborenen in Betlehem zu töten. Maria und Josef fliehen daraufhin nach Ägypten.

Der Advent als Zeit der Buße und des Fastens

Die Weihnachtszeit beginnt mit dem ersten Advent, der traditionell der vierte Sonntag vor Weihnachten ist. Das Wort leitet sich dabei vom lateinischen *adventus* ab, was so viel wie „Ankunft" bedeutet und die Zeit bis zur Geburt Jesu bedeutet. Gleichzeitig soll die Adventszeit daran erinnern, dass Christus noch ein zweites Mal auf die Erde kommen soll.

Zu frühchristlicher Zeit, also etwa vom 2. bis zum 7. Jahrhundert war die Adventszeit eine Fastenzeit vom 11. November bis zum 6. Januar. Zu dieser Zeit herrschten nicht nur strenge Speiseregeln, sondern es war auch verboten, zu tanzen und zu feiern. Trauungen durften aus diesem Grund nur in „stiller" Form stattfinden. Erst 1917 hob die katholische Kirche die Fastenregeln in der Adventszeit auf.

Der Advent, wie wir ihn heute kennen, hat seinen Ursprung im 7. Jahrhundert. Wie es auch heute noch in einigen Ländern üblich ist, dauerte der Advent ursprünglich sechs Wochen. Erst Papst Gregor der Große legte die Adventszeit schließlich auf vier Sonntage fest. Sie stehen für die viertausend Jahre, die die Menschen nach dem Sündenfall auf ihre Erlösung warten mussten. Rechtsverbindlich wurde die Anordnung allerdings erst 1570, als Papst Pius V. sie bestätigte. Dennoch gibt es auch heute noch einige katholische Bistümer, in denen eine sechswöchige Adventszeit herrscht. Nach und nach wandelte sich die Adventszeit von der Fastenzeit in eine Zeit der freudigen Erwartung.

Heute geht die Adventszeit vom ersten Adventssonntag bis Heiligabend. Das sind normalerweise 22 bis 28 Tage, je nach dem, auf was für einen Wochentag Weihnachten fällt. Die Adventszeit beginnt damit zwischen dem 27. November und dem 3. Dezember. An den Adventssonntagen sieht die kirchliche Liturgie ein bestimmtes „Programm" vor: Maria, die Mutter Jesu, Johannes der Täufer, der Einzug Jesu in Jerusalem und die Wiederkunft des Herrn (je nach Kirche ist die Reihenfolge unterschiedlich).

Das Christkönigsfest

Eine außerhalb der Kirche weniger bekannte, weihnachtliche Festlichkeit ist das Christkönigsfest. Dass es nicht so weit verbreitet ist, erklärt sich vor allem dadurch, dass man es erst 1925 zum ersten Mal gefeiert hat. Grund für das Fest war das Ende des Ersten Weltkriegs, bei dem die mächtigsten Monarchien Europas aufgehoben wurden. Das Fest soll betonen, dass nur Gott und Christus König seien, wenngleich sie keine weltliche Macht beanspruchten.

Feierte man es anfänglich Ende Oktober, wurde das Fest mittlerweile auf den letzten Sonntag im November gelegt, der gleichzeitig der erste Advent ist.

Die Christmette und Christvesper

Für gläubige Katholiken ist der Zeitpunkt der Christmette einer der wichtigsten Augenblicke während des Weihnachtsfestes. Ursprünglich verstand man darunter das feierliche Morgengebet am 25. Dezember, das einer Tradition folgend bereits um Mitternacht beginnt. In manchen Regionen hat es sich aber auch durchgesetzt, dass die Christmette bereits am Nachmittag des Heiligen Abends gefeiert wird – dadurch wird dem Umstand Rechnung getragen, dass nicht jeder Kirchgänger noch mitten in der Nacht in die Kirche gehen kann oder möchte. Streng genommen handelt es sich bei diesen nachmittäglichen Gottesdiensten allerdings um keine Christmetten, sondern eher um eine Christvesper.

Bei vielen Gemeinden ist die Christmette eng mit dem regionalen Brauchtum verbunden. So beginnt der Priester in manchen Regionen den Gottesdienst mit einem Lied, das er über die frohe Botschaft singt. In anderen Regionen wird das Christkind während des Einzugs der Gemeinde in die Kirche feierlich in die Weihnachtskrippe gelegt.

Gemeinsam mit den Osterfeierlichkeiten ist die Christmette die wichtigste Feier im Kirchenjahr.

Der Dreikönigstag

Der Dreikönigstag, in der Kirche auch *Epiphanias* genannt (griechisch „Erscheinung des Herrn“) kennzeichnet das Ende der Weihnachtsfeierlichkeiten. Er wird am 6. Januar gefeiert, der in der frühchristlichen Zeit noch der eigentliche Weihnachtstag war. Vereinzelt nennt man ihn auch Groß-Neujahr, Oberster oder Weihnachtszwölfer (weil der 6. Januar der zwölfte Tag nach Weihnachten ist). Die westliche Kirche ordnet diesem Tag die Ankunft der heiligen drei Könige beim Christuskind zu, wie

ich es im Abschnitt über die Krippen bereits erwähnt habe. Er wird jedoch auch als Tag der Taufe Christi gefeiert.
Wie schon bei Weihnachten und Ostern lehnte sich die christliche Kirche auch bei der Festlegung des Dreikönigstags an heidnische Feiertage an. So feierten die alten Ägypter zu dieser Zeit die Geburt des Sonnengottes Aion, während die Römer die Erscheinung des göttlichen Divus feierten (vermutlich geht das auf die Göttlichmachung des Kaisers Julius Cäsar zurück, der am 10. Januar 49 vor Christus vom Menschen zum lebenden Gott erhoben wurde). Auch die bereits erwähnten Rauhnächte stehen in Verbindung mit dem 6. Januar. An diesem Tag sollen sich die stürmischen Mächte des Mittwinters, die als übernatürliche Lichterscheinungen am Himmel zu sehen waren, wieder zur Ruhe begeben. Zuletzt ist auch das „Stärk' antrinken" eine – wenn auch regional eingeschränkte – Tradition. Am Abend des 5. Januar, manchmal auch am 6. Januar, kommen die Menschen eines Dorfes zusammen, um sich mit Starkbier Kraft für das neue Jahr anzutrinken und sich so für alle Widrigkeiten, die da kommen mögen, zu wappnen.
Traditionell findet am 6. Januar auch das Sternsingen statt. Verkleidet als die Heiligen drei Könige ziehen singende Kinder von Haus zu Haus, um die frohe Botschaft zu verkünden und Spenden für einen wohltätigen Zweck zu sammeln. Mit Kreide wird dann die Segensbitte C+M+B an die Haustür geschrieben. Was man sich durch den Kinderreim „Caspar, Melchior und Balthasar" (die Namen der Könige) merken kann, steht tatsächlich aber für *„Christus mansionembenedicat"* - Christus segne dieses Haus. In Spaninen findet die Bescherung – so wie im Mittelalter vielerorts in Europa – übrigens erst am 6. Januar statt. Diese Besonderheit ist daran angelegt, dass erst die Heiligen drei Könige dem Christuskind Geschenke brachten.

Der Tag der unschuldigen Kinder

Der letzte, wichtige Feiertag in der Weihnachtszeit ist der Tag der unschuldigen Kinder. An diesem Tag wird den Kindern gedacht, die anlässlich Christi Geburt von König Herodes getötet worden sind. In der katholischen und evangelischen Kirche

wird dieser Tag am 28. Dezember gefeiert, bei den anderen christlichen Religionsgemeinschaften weicht das Datum teilweise ab.
Vermutlich wurde das Fest der unschuldigen Kinder bereits vor 505 gefeiert; in diesem Jahr wird es zum ersten Mal in einem nordafrikanischen Kalender erwähnt. Ursprünglich war das Fest mit Mummenschatz und Verkleidungen verbunden, wodurch sich das Konstantinopler Konzil im Jahr 689 dazu gezwungen sah, die Feierlichkeiten zu diesem Tag zu verbieten. Man befürchtete, dass die Verbindung zum orientalischen Narrenkönigtum, zu römischen Götterfesten und keltischen Tiervermummungen zu stark sei – allesamt heidnische Traditionen, mit denen die Kirche nichts zu tun haben wollte. Obwohl also lange Zeit kein offizieller Feiertag, erfreute sich der Tag der Unschuldigen Kinder vor allem bei den Laien großer Beliebtheit, so dass Feste und Narrenspiele weiter fortgesetzt wurden. Erst mit der Reformation im 16. Jahrhundert starb dieser Brauch vielerorts auch. Lediglich in einzelnen Regionen Österreichs dürfen Kinder Erwachsene durch Rutenschläge auf den Rücken Glück für das Jahr wünschen. Zum „Dank" bekommen sie von den Erwachsenen kleine Geschenke.
In den spanischsprachigen Ländern hat sich das Fest der Unschuldigen Kinder anders als bei uns noch bis heute gehalten. Es ähnelt dort dem 1. April, an dem man sich mit seinen Mitmenschen einen Spaß machen darf. Wie ich weiter vorne im Buch schon erwähnt hatte, wurde an diesem Tag in vielen Orten ein Kinderbischof oder Kinderabt gewählt (meistens das jüngste Kind), der dann das Sagen hatte. Außerdem wurden die Kinder an diesem Tag beschenkt. Heute beschränkt sich die Kirche darauf, Kinder an diesem Tag zu segnen.

Weihnachtsheilige

Gerade in der katholischen Kirche – der am weitesten verbreiteten, christlichen Glaubensgemeinschaft – spielen neben Gott und Jesus auch zahlreiche Heilige eine wichtige Rolle. Einige von ihnen stehen in einem mehr oder weniger direkten Bezug zum Weihnachtsfest. Gelebt haben sie alle.

Sankt Martin

Neben dem Nikolaus ist Sankt Martin einer der bekanntesten Heiligen der katholischen Kirche. Es handelt sich dabei um einen Bischof, der im 4. Jahrhundert die französische Stadt Tours regierte. Er war der Sohn eines römischen Offiziers und kam in dessen Heimat Pavia in Norditalien das erste Mal mit dem Christentum in Berührung. Er wurde zum Dienst in das kaiserliche Heer eingezogen und auch wenn er immer wieder beteuerte, nur im Dienste Gottes und nicht des Kaisers zu stehen, konnte er erst nach Ablauf der 25-jährigen Dienstzeit das Heer verlassen. Wenige Jahre später errichtete er in Nordfrankreich das erste Kloster des Abendlandes.

Schon zu Lebzeiten war Sankt Martin als Wohltäter und Wunderheiler bekannt, woraufhin seine Erhebung zum Bischof von Tours nur eine logische Folge war. Als streng asketisch lebender Mensch war er das perfekte Beispiel für einen christlichen Priester und wegen seiner Herkunft gleichzeitig ein Mittler zwischen dem fränkischen Volk und seinen römischen Besatzern. Im schon damals sehr hohen Alter von 81 Jahren starb Sankt Nikolaus eines natürlichen Todes und ist damit einer der wenigen großen Heiligen der Kirche, die nicht als Märtyrer starben.

Leben und Wirken von Sankt Martin

Obwohl er ein Bischof war, wird Sankt Martin häufig in der Kleidung eines Offiziers dargestellt. Immerhin verbrachte er auch fast sein halbes Leben als Soldat. Die bekannteste Tat, die der Heilige Martin begangen hat – und die sogar nachgewiesen werden konnte -, ist die Teilung seines Mantels mit einem armen Mann. Er war dem Bettler auf einer Straße begegnet, und da der Winter sehr hart war, übergab er dem frierenden Mann seinen Mantel. In der folgenden Nacht soll ihm Jesus Christus im Traum erschienen sein. Er hat den Mantel getragen und bedankte sich beim Bischof für die Mildtätigkeit, die er dem armen Mann und dadurch auch ihm selbst erwiesen hatte.

Der Martinstag, der auf den 11. November fällt, wird in fast ganz Deutschland festlich begangen. Kinder ziehen mit Laternen umher und singen Martinslieder. In einigen Regionen gehen sie von Haus zu Haus und sammeln Süßigkeiten ein. In anderen ziehen sie gemeinsam mit Sankt Martin durch den Ort und erhalten am Ende des Umzuges ein Weckmännchen oder einen Stutenkerl. Dabei handelt es sich um ein kleines Männchen aus Hefeteig mit einer kleinen Gipspfeife. Vor allem in Österreich und in Ungarn wird am Martinstag auch die sogenannte Martinsgans verzehrt. Insbesondere in ländlichen Gegenden wird in der Kirche oder auf dem Dorfplatz das Martinsfeuer entzündet.

Die Heilige Barbara

Die Geschichte der Heiligen Barbara ist eine christliche Legende über Barbara von Nikomedien. Ob sie wirklich jemals gelebt hat, ist unbewiesen. Sie soll im 3. Jahrhundert nach Christus als Tochter des reichen Kaufmanns oder Königs *Dioscuros* gelebt haben. Barbara war eine sehr schöne und kluge Jungfrau, so dass es zahlreiche Bewerber um ihre Hand gab. Doch das junge Mädchen lehnte alle ab, denn sie wollte Christin werden und ein heidnischer Gatte kam dafür nicht in Frage. Um sie zurück zum alten Glauben zu führen, sperrte der König Barbara ein und ließ ihr große Schmerzen zufügen, doch bestärkte er das Mädchen dadurch nur in seinem Entschluss, christlich zu leben. Schließlich ließ sie sich sogar taufen, weswegen ihr Vater das Todesurteil über sie sprach.

Doch durch einen kleinen Felsspalt konnte Barbara fliehen. Doch ein Hirte verriet das Mädchen und so konnte ihr Vater sie wieder gefangen nehmen. Erneut wurde die Jungfrau schwer misshandelt, doch soll nach der Legende Jesus Christus erschienen sein und ihre Wunden geheilt haben. Noch einmal fügte man dem Mädchen schwere Verletzungen zu, doch kamen Engel und heilten sie ein zweites Mal. Der wutverzerrte Vater enthauptete schließlich eigenhändig sein Kind und wurde zur Strafe von Gott durch einen Blitz erschlagen.

Barbara als Schutzheilige

Als Symbol der Standhaftigkeit ist Barbara eine der vierzehn Notheiligen, die zum Beispiel bei drohendem Tod angerufen werden. Sie gilt als Schutzheilige der

Bergleute, Steinmetze und ähnlicher Handwerksgruppen. Das wird darauf zurückgeführt, dass sie durch einen Felsspalt hatte fliehen können.
Im Laufe der Zeit haben sich verschiedene Brauchtümer entwickelt, von denen das bekannteste Wohl der Barbarazweig ist. Der Legende nach blieb Barbara auf ihrem Weg zum Gefängnis an einem Zweig hängen, den sie in einen Krug mit Wasser stellte. An dem Tag, an dem ihr Todesurteil gefällt wurde, blühte der Zweig. Heute schneidet man am Barbaratag, dem 4. Dezember, einen Kirschzweig. Er beginnt etwa an Weihnachten zu blühen.
Weitere Brauchtümer sind zum Beispiel das "Bärbeltreiben", bei dem alte Frauen Kindern mit Ruten Hiebe und Äpfel verteilen oder die Barbaraparade, ein Umzug von Bergmännern. Darüber hinaus ist der Barbaratag bei allen Bergleuten ein Feiertag, an dem die Arbeit ruht.

Der Heilige Nikolaus

Heute kennt man Sankt Nikolaus nur noch als bärtigen Mann mit rotem Mantel, der am 6. Dezember, dem Nikolaustag, die Stiefel der Kinder mit Süßigkeiten füllt oder unartige Kinder mit der Rute bestrafen lässt. Die Legende um den Heiligen Nikolaus, aus der schließlich einer der ersten Feiertage der Adventszeit wurde, hat ihren Ursprung im 4. Jahrhundert nach Christus.
Damals lebte Nikolaus von Myra, ein griechischer Bischof, im römischen Reich. Dass es ihn wirklich gab, ist wissenschaftlich belegt, doch gibt es über seine tatsächlichen Taten nur wenige Quellen. Schon mit 19 Jahren soll der in der heutigen Türkei geborene Heilige zum Priester geweiht worden sein. Während der Christenverfolgung wurde der damals als Abt tätige Priester gefangen genommen und gefoltert, konnte aber entkommen. Er war ein Kind reicher Eltern, verzichtete aber auf sein Erbe und verteilte den Reichtum stattdessen unter der armen Bevölkerung.

Legenden um den Heiligen Nikolaus

Es gibt eine ganze Reihe von Legenden über Wundertaten, die Nikolaus von Myra begangen haben soll. Belegen lassen sie sich nicht, doch haben sie ihren Eingang in die kirchliche Geschichte gefunden und wurden Quelle für viele Brauchtümer.

Das Stratelatenwunder

Eine der Legenden beschreibt, wie Nikolaus von Myra drei römische Feldherren zu sich einlädt. Der Bischof beweist seine Mildtätigkeit, indem er drei zum Tode verurteilte Männer begnadigen lässt – und zwar nicht einfach durch sein Wort, sondern indem er die Hand gegen den Scharfrichter erhebt und damit die Vollstreckung des Urteils in letzter Sekunde verhindert. Einige Zeit später reisen die Feldherren zurück nach Byzanz, wo sie auf Grund von Verleumdung gefangen genommen und zum Tode verurteilt werden. In ihrer Not flehen sie den Heiligen Nikolaus an, der daraufhin vor dem Kaiser erscheint und mit schweren Konsequenzen droht. Der ist vom Auftreten des Bischofs derartig eingeschüchtert, dass er die Feldherren umgehend frei lässt.

Die Ausstattung der drei Jungfrauen

Dass Nikolaus sehr mildtätig gewesen sein soll, beweist sich an folgender Legende: Ein armer Mann hatte drei Töchter, konnte sich aber keine Mitgift leisten und seine Töchter daher nicht verheiraten. Er wollte sie stattdessen zu Prostituierten machen, damit sie so für ihren Lebensunterhalt aufkommen konnten. Nikolaus erfuhr davon und warf in drei aufeinander folgenden Nächten jeweils einen Goldklumpen in das Schlafzimmer der Mädchen und sicherte so ihre Mitgift. Der Brauch von den Stiefeln, die am Nikolaustag gefüllt werden, kommt hierher.

Die Kornvermehrung

Einst herrschte eine große Hungersnot in Myra. Zufällig ergab es sich, dass im Hafen der Stadt ein Schiff vor Anker lag, das Korn für den Kaiser von Byzanz geladen hatte. Der Heilige Nikolaus begab sich zum Schiff und bat um einen Teil des Korns, doch die Seemänner weigerten sich. Nicht zuletzt, weil sie sicherlich Angst vor der Reaktion des Kaisers hatten. Der Bischof versprach den Männern schließlich, dass ihnen für ihre Mildtätigkeit kein Schaden zugefügt werde, so dass sie sich schließlich bereit erklärten, einen Teil des Korns herauszugeben. In Byzanz angekommen stellten sie dann verwunderter Weise fest, dass sich die Menge des Korns nicht im Geringsten verändert hatte. Es konnte also die volle Menge an Getreide beim Kaiser abgeliefert werden. Das Korn aber, das die Seemänner dem Nikolaus gegeben hatten, soll für ganze zwei Jahre gereicht haben.

De Heimführung eines Kindes

Ein Mann wollte den Heiligen Nikolaus um seinen Segen bitten, denn schon seit Jahren wünschte er sich einen Sohn. Doch er kam zu spät, der Bischof ist mittlerweile verstorben, so dass der Mann nur noch an der Bestattung des berühmten Mannes teilnehmen konnte. Er nahm ein Stück des Grabtuches dieses Mannes mit zu sich nach Hause. Genau ein Jahr nach dem Tod des Heiligen Nikolaus bekam der Mann seinen ersehnten Sohn. Doch das Kind wurde an seinem siebenten Geburtstag von Babyloniern entführt und musste dort ein Jahr als Sklave arbeiten. Exakt ein Jahr verging, bis das Kind am 6. Dezember von einem Wirbelwind erfasst wurde. Es wurde vom Wind genau vor der Kirche abgesetzt, in der die Eltern um seine Rückkehr beteten.

Weitere Wunder und Legenden

Der Heilige Nikolaus ist einer der wundertätigsten Heiligen der christlichen Kirche. Seine vielen Wundertaten können an dieser Stelle nicht erschöpfend beschrieben werden. Er ließ einen Seesturm verstummen und rettete damit Seeleuten das Leben, bekehrte einen Juden, verhinderte die Schändung seiner Kirche durch die römische Göttin Diana, rettete mehrere Kinder oder erweckte sie gar von den Toten und begnadigte einen Betrüger, der sich daraufhin taufen ließ.

Brauchtümer rund um den Heiligen Nikolaus

Das bekannteste Brauchtum um den Heiligen Nikolaus findet am 6. Dezember, dem Todestag des Bischofs statt. Dann stellen die Kinder ihre geputzten Schuhe vor die Tür. Waren sie das ganze Jahr über brav, werden sie mit Süßigkeiten belohnt. Waren sie frech, bestraft der Knecht des Bischofs sie mit der Rute. Ursprünglich war es auch üblich, dass der Nikolaus die Geschenke brachte. Erst mit der Reformation verlegte man dieses Ritual auf die Weihnachtstage – und nahm den Nikolaus als Weihnachtsmann gleich mit. In manchen Ländern werden Kinder aber immer noch am Nikolaustag beschenkt, und nicht an Weihnachten.

Ein recht interessanter Brauch stammt aus dem Mittelalter und wird heute nur noch selten praktiziert. Am Nikolaustag wurde in den Klosterschulen ein Kinderbischof gewählt. Dieser Bischof durfte die Erwachsenen tadeln und ihnen allerlei Aufgaben aufgeben. Häufig hielt dieses Amt bis zum Tag der Unschuldigen Kinder am 28. Dezember an. Dann kehrte wieder Ruhe ein.

In anderen Regionen gibt es weitere Bräuche wie den Silvesterklaus oder das Heischebrauchtum. Der heutige Nikolaus hat mit der historischen Figur übrigens nicht mehr viel gemein. Der gut beleibte, gutmütige Mann mit der roten Kleidung mit Pelzbesatz, dem weißen Bart und dem Sack ist eine Erfindung des Coca-Cola Konzerns, die vor allem in Filmen, auf Märkten oder bei Feiern aufgegriffen wird. Auf öffentlichen oder kirchlichen Festen tritt aber oft auch noch der historische Nikolaus mit Bischofsmütze und Stab auf.

Weihnachten in aller Welt

Nicht nur in Deutschland feiert man Weihnachten, sondern fast überall auf der Welt. In christlich geprägten Ländern, wie es in Europa, Nord- und Südamerika und Australien der Fall ist, gehört das Weihnachtsfest zu den wichtigsten Festen im Jahr und hat sogar seine eigenen, staatlichen Feiertage. Doch auch nicht-christliche Länder übernehmen mehr und mehr Traditionen von Weihnachten und machen daraus ihr eigenes Fest. Wer zu Weihnachten einen Urlaub in der Sonne plant, muss auf sein Weihnachtsfest also nicht verzichten. Es ist nur ein wenig anders, als zu Hause.

USA und Kanada

Die *USA* und *Kanada* sind klassische Einwandererländer, in denen Menschen aus den verschiedensten Kulturen leben. Die meisten von ihnen sind englisch, französisch oder deutsch. Dennoch gibt es in diesen beiden Ländern sehr große Unterschiede zum Weihnachtsfest, wie man es aus Europa kennt.

Der auffälligste Unterschied ist in der Dekorationsfreudigkeit der Einheimischen zu finden. Schon im November beginnen die ersten Menschen damit, ihre Häuser mit Lichterketten und weihnachtlichen Motiven zu gestalten. Der Vorgarten wird rege genutzt, um ganze Krippenszenen, leuchtende Weihnachtsmänner und blinkende Rentiere aufzustellen. Mancherorts kommt sogar noch eine musikalische Begleitung dazu, die dann den ganzen Tag über durch die Nachbarschaft hallt. In vielen Orten gibt es offizielle oder geheime Wettbewerbe, welcher Hausbesitzer die üppigste Dekoration hat. Man merkt schon: Hier geht es nicht unbedingt besinnlich zu, Kitsch ist ausdrücklich erlaubt.

Auch im Haus wird viel dekoriert. Der Weihnachtsbaum ist entweder eine Tanne, oder - das kommt übrigens noch häufiger vor - ein Weihnachtsbaum aus Kunststoff. Die Amerikaner lieben es üppig, deshalb werden die Weihnachtsbäume oft so viel mit Kugeln, Kerzen und Farbe gestaltet, dass man dazwischen kaum noch grün sehen kann. Auch pinke oder weiße Weihnachtsbäume sind hier absolut angesagt. Über den Hauseingang kommt ein Mistelzweig, eine der wohl berühmtesten Traditionen in Nordamerika: Stehen zwei Personen gleichzeitig darunter, müssen sie sich küssen.

In den USA wie auch in Kanada ist es Tradition, dass die Menschen regelrechte Weihnachtspartys feiern, zu denen nicht nur Verwandte, sondern auch Freunde mitkommen. Bei Truthahn und Punsch wird dann bis spät in die Nacht gefeiert.

Die Weihnachtsgeschenke werden in der Nacht zum 1. Weihnachtstag von Santa Clause gebracht. Er fährt mit einem Rentierschlitten umher und klettert durch den Kamin. Viele Kinder begrüßen ihn mit einem Glas Milch und Keksen. Die Geschenke steckt der Weihnachtsmann in Strümpfe, die am Kamin oder am Treppengeländer aufgehängt werden.

Je nach Region gibt es noch gewisse Unterschiede beim Weihnachtsfest. Im Osten Kanadas beispielsweise singt man traditionell englische Weihnachtslieder, während im Westen Amerikas Lachs und Christmas Pudding typische Weihnachtsgerichte sind.

Mitteleuropa

Obwohl *Belgien*, die *Niederlande* und *Luxemburg* praktisch „nebenan" liegen, gibt es dort doch einige Unterschiede zum deutschen Weihnachtsfest. Einen der markantesten habe ich ja schon erwähnt: Geschenke bringt nicht der Weihnachtsmann, sondern der *Sinterklaas* am 6. Dezember. Aber auch hier macht sich langsam der Trend bemerkbar, den Weihnachtsmann dem Nikolaus vorzuziehen, was in den eigentlich ja sehr freundlichen Ländern regelmäßig zu Auseinandersetzungen führt. Die Befürworter des Nikolaustags befürchten, dass Weihnachten durch den Weihnachtsmann zu sehr kommerzialisiert würde.
Wie auch beim deutschen Nikolaus wird der Sinterklaas von einem Knecht begleitet, der *Zwarter Piet* genannt wird. Der Sage nach lebt Sinterklaas das ganze Jahr über im warmen Spanien, ehe er sich im November mit dem Dampfschiff auf den Weg zur Nordseeküste macht. Noch heute legt der Nikolaus zumindest in den Küstenorten mit

einem Schiff an, was von der hiesigen Bevölkerung beobachtet wird. Wie auch in Deutschland stellen die Kinder am Nikolaustag ihre Schuhe vor die Tür, um sie mit Süßigkeiten füllen zu lassen. Größere Weihnachtsgeschenke gibt es hier eigentlich gar nicht. In Luxemburg ist der Nikolaus als *Kleeschen* bekannt. Auch hier verteilt er mit seinem *Housekern* süße Geschenke. Allerdings gibt es in Luxemburg auch am Weihnachtstag noch Geschenke. Sie dürfen allerdings erst nach dem traditionellen Weihnachtsessen – Blutwurst, Stampfkartoffeln und Apfelsoße – und nach der Christmette geöffnet werden.

Auch in *Frankreich* ist der Weihnachtsmann der Gabenbringer. Er heißt *Père Noel*, was so viel bedeutet wie *Vater der Weihnacht*. Er sieht dem amerikanischen Weihnachtsmann sehr ähnlich, trägt aber statt einem Anzug eine rote Mönchskutte mit Zipfelmütze. Eine Kiepe auf seinem Rücken enthält die Geschenke. Wie es bei uns an Nikolaus üblich ist, stellen in Frankreich die Kinder an Weihnachten ihre Schuhe vor die Tür, um sie mit Süßigkeiten füllen zu lassen.
In manchen französischen Religionen kommt am 6. Dezember der Nikolaus, der vom *PéreFouettard* begleitet wird. Die weihnachtliche Krippe wird nicht nur mit den üblichen Figuren dekoriert – hier dürfen auch verschiedene Heiligenfiguren am Fest teilnehmen. Ehe es dann zur Bescherung geht, gibt es erst einmal ein langes Weihnachtsessen mit typisch französischen Spezialitäten. Ein traditionelles Weihnachtsdessert ist die *Bûche de Noel*, deren Form an einen Laib Brot erinnert.
Im französischen Zwergstaat Monaco werden die Straßen mit großen Sternen dekoriert. Monte Carlo hat einen sogar eigenen, dem Nikolaus gewidmeten Platz, auf dem eine große Nikolausfigur aufgestellt wird. Teilweise bedeckt man die Stadt sogar mit künstlichem Schnee.

Die Weihnachtsfeierlichkeiten auf den Inseln *Großbritannien und Irland*unterscheiden sich gar nicht so sehr von dem, was wir aus Deutschland kennen. Wie bei uns werden die Geschenke Heiligabend durch *Father Christmas* unter den Weihnachtsbaum gelegt. Am 1. Weihnachtstag kommt dann die ganze Familie

zusammen, um gemeinsam zu essen und sich anschließend vor den Fernseher zu setzen. Die Weihnachtsansprache der Königin und zahlreiche Weihnachtssendungen sind für viele Briten und Irländer ein absolutes Muss.
Am 2. Weihnachtstag geht es dann mit dem *Boxing Day* weiter. Ursprünglich war dies der Tag, an dem Angestellte und Arbeiter von ihren Arbeitgebern kleine Geschenke (Boxes) erhielten – ein Feiertag war der 2. Weihnachtstag nämlich nicht. Heute nutzt man ihn vor allem, um im Pub zu feiern und sich Sportveranstaltungen im Fernsehen anzusehen.

Südeuropa

Im Süden und vor allem in *Spanien* ist das Weihnachtsfest ist sehr familiär. An Heiligabend kommt die ganze Familie zusammen, um gemeinsam zu essen und anschließend in die Mitternachtsmesse zu gehen. Auch der 1. Weihnachtstag wird im Familienkreis gefeiert.
Normalerweise gibt es in Spanien an Weihnachten keine Geschenke. Diese werden erst am 6. Januar durch die Heiligen Drei Könige übergeben. Allerdings ist es seit den 1980er Jahren immer mehr Brauch geworden, dass es auch an Heiligabend schon eine kleine Bescherung gibt. Weihnachtsbäume gab es in Spanien lange Zeit ebenso wenig. Tannen wachsen in dem warmen Klima nicht und der Import von Weihnachtsbäumen ist sehr teuer. Doch auch hier setzen sich mitteleuropäische Traditionen immer mehr durch, so dass der Weihnachtsbaum auch in Spanien mittlerweile kein seltener Anblick mehr ist. Der wichtigste Weihnachtsschmuck in spanischen Häusern ist aber nach wie vor die Krippe.

In *Italien*liegt mit dem Vatikan der Sitz des Papstes und das geistliche Zentrum der christlichen Welt. Deshalb könnte man irrtümlich davon ausgehen, dass das Weihnachtsfest hier ähnlich abläuft, wie zum Beispiel in Deutschland. Tatsächlich sind die Unterschiede aber frappierend. Zwar ist der 1. Weihnachtstag auch dort das mit Abstand wichtigste Fest der Weihnachtszeit - allerdings nur für die Kirche. Die Gläubigen gehen in die Mitternachtsmesse, um 11 Uhr hält der Papst dann seine

Weihnachtsrede und spricht seinen Weihnachtssegen "Urbi et Orbi" - der Stadt (Rom) und dem Erdkreis – das war es dann auch schon.
Schon vor den Weihnachtsfeiertagen kommt es in der italienischen Adventszeit zu einem Hochfest: Am 8. Dezember wird das Fest der Unbefleckten Empfängnis gefeiert. An diesem Tag stellen die Menschen ihre festlich geschmückten Weihnachtsbäume und ihre Krippen auf. Anschließend treffen sie sich zum familiären Zusammensein und gutem Essen.
Wie die ganze Adventszeit ist auch der Heilige Abend in Italien ein Fastentag. Ehe es in die Mitternachtsmesse geht, kommt die Familie zusammen, um gemeinsam Meeresfrüchte und Süßigkeiten zu essen. Fleisch ist an diesem Tag tabu. Einen Tag später folgt dann ein großes Familienessen, bei dem keine Speisen mehr verboten sind.
Wann die Geschenke gebracht werden, ist in Italien je nach Region unterschiedlich. In einigen Teilen des Landes kommt an Heiligabend das Christkind und beschenkt die Kinder. In anderen Regionen erscheint am Dreikönigstag, also am 6. Dezember, eine Witwe, die Geschenke verteilt.

Nordeuropa

Weiter geht es in den Norden Europas, wo die Weihnachtstraditionen sich teilweise doch erheblich von dem unterscheiden, was wir in Deutschland kennen. Anders als bei uns ist der Weihnachtstag in *Schweden* zum Beispiel nicht der wichtigste Feiertag, sondern das am 13. Dezember stattfindende Fest der Heiligen Lucia. Ursprünglich handelte es sich dabei um eine Sonnenwendfeier (ehe der gregorianische Kalender eingeführt wurde, war nämlich der 13. Dezember der kürzeste Tag im Jahr, nicht der 21. Dezember). Bereits am Morgen feiert die ganze Familie zusammen – auch auf der Arbeit oder in der Schule steht an diesem Tag alles im Zeichen der Heiligen Lucia. Die älteste Tochter der Familie trägt ein weißes Gewand mit rotem Gürtel und einen Kranz aus Kerzen. Heute sind es meistens elektrische Kerzen, da Feuer und Haare keine ungefährliche Kombination sind. Gemeinsam mit anderen Mädchen, Sternsängern und Pfefferkuchenmännchen oder Wichteln unternehmen die Kinder

dann eine Prozession durch die Gemeinde.
An Heiligabend kommt die ganze Familie zusammen, um *Julbrod* mit Weihnachtsschinken zu essen. Dazu trinkt man einen mit Mandeln und Beeren gewürzten Glühwein, den *Glögg*.
Eine ganz besondere Tradition in Skandinavien ist der Julbock, den ich weiter vorne im Buch schon beschrieben hatte. Bis ins 19. Jahrhundert war er für die Geschenke zuständig, ehe er vom *Jultomte* abgelöst wurde. Lustigerweise ist es in Schweden Tradition, dass um 15 Uhr eine Donald-Duck-Sendung im Fernsehen läuft – ähnlich wie „Drei Nüsse für Aschenbrödel" bei uns. Nach dem Weihnachtsessen kommt die Bescherung. Frühmorgens um sechs Uhr geht es dann in die Kirche.

In *Norwegen* ist es üblich, dass die Arbeitgeber eine kleine Weihnachtsfeier, *Julbord* genannt, veranstalten. Wie in Deutschland ist der Heilige Abend eigentlich ein Arbeitstag, dennoch dürfen die meisten spätestens um 18 Uhr Feierabend machen. Anschließend geht es dann zum Weihnachtsmahl aus Lamm, Kartoffeln, Sauerkraut und Steckrüben. Wie in Großbritannien ist es auch in Norwegen üblich, den Heiligen Abend mit Fernsehen zu verbringen.
Die Bescherung erfolgt bei kleineren Kindern durch den *Julenissen*, eine Art Wichtel. Bei Familien mit älteren Kindern werden die Geschenke einfach unter den Baum gelegt und das jüngste Familienmitglied darf sie verteilen. Am 1. Weihnachtstag geht es sehr ruhig, besinnlich und familiär zu, während die Menschen am 2. Weihnachtstag geradezu in die Bars und Nachtclubs strömen, um hier zu feiern. Die Kinder verkleiden sich als Julbock und verlangen – ähnlich wie an Halloween – Süßigkeiten.

In *Finnland* ist es nicht der Weihnachtsmann, der die Geschenke bringt, sondern auch heute noch der *Julbock*. Früher war es Tradition, dass man sich nach dem Weihnachtsessen mit Ziegenfellen als Julbock verkleidet hat, mittlerweile tritt er allerdings häufiger in Gestalt des klassischen Weihnachtsmannes auf. Anders als das amerikanische Vorbild lebt er allerdings nicht auf dem Nordpol, sondern in Lappland.

Es wird ordnungsgemäß an die Wohnungstür geklopft, ehe er die Frage stellt, ob es im Haus artige Kinder gibt. Zum Haushalt des Julbock gehören mehrere Rentiere sowie seine Frau *Joulumuori* – sie ist berühmt für ihren Weihnachtsporridge.Die Finnen selbst essen an Weihnachten am liebsten Schinken und Kartoffelauflauf sowie Pfefferkuchen zum Nachtisch.

Bei unserem nördlichen Nachbarn*Dänemark* hat die Adventskerze, die ich weiter vorne ebenfalls schon erwähnt hatte, eine große Tradition. Auf der Kerze sind alle Dezembertage bis zum Heiligen Abend markiert. Abends stellt man die Kerze ins Fenster und lässt sie dann bis zur nächsten Markierung brennen. Daneben sind Adventskränze und –kalender aber ebenfalls in fast jedem Haus zu finden.
Wie wir es schon von Schweden kennen, wird auch in Dänemark das Luciafest gefeiert. Die Weihnachtsfeiern in dänischen Betrieben werden *Julefrokost* genannt und von den Arbeitgebern spendiert. Es gibt Glühwein, Weihnachtsbier, Plätzchen und Pfefferkuchen.
An Heiligabend wird das Wohnzimmer zur *Julestue* und festlich geschmückt. Den Nachmittag verbringt die Familie damit, sich im Fernsehen Weihnachtssendungen anzusehen, ehe es das Weihnachtsessen gibt. Zum Nachtisch gibt es Weihnachtsgrütze, in der sich eine Mandel befindet. Wer die Mandel findet, bekommt ein kleines Geschenk dazu. Eine Schüssel der Grütze wird aufgehoben – sie ist für den *Nisse*, einen Weihnachtswichtel.
Bevor es zur Bescherung kommt, singt die Familie gemeinsam Weihnachtslieder und tanzt um den Weihnachtsbaum herum. Dann wird ein Julbock aufgestellt.

Ähnlich wie bei uns am Nikolaustag stellen die Kinder in *Estland* ihre Pantoffeln auf das Fenstersims. Dort werden sie von den Weihnachtselfen mit allerlei Leckereien gefüllt. Der wichtigste Weihnachtstag ist bei den Estländern der 24. Dezember, der unabhängig vom tatsächlichen Wochentag auch „Weihnachtssamstag“ genannt wird. Er ist ein gesetzlicher Feiertag.
Seit dem 17. Jahrhundert ist es Tradition, dass der estnische Präsident den

Weihnachtsgottesdienst besucht und den Weihnachtsfrieden ausruft. Bevor es dann zur Bescherung kommt, werden Kinder vom Weihnachtsmann besucht und müssen vor ihm Gedichte vortragen. Nach der Bescherung gibt es dann ein sehr deftiges Abendessen mit Marzipan oder Lebkuchen zum Dessert. Die Reste des Essens werden für die Geister verstorbener Verwandter und Freunde übrig gelassen. Viele Estländer besuchen an Weihnachten auch den Friedhof, um für ihre Verstorbenen Kerzen anzuzünden.

Etwas ganz Besonderes ist das Weihnachtsfest auf der Insel *Faröer*. Beginnend mit dem 24. Dezember wird hier ganze 21 Tage lang Weihnachten gefeiert. In die Fenster werden Weihnachtssterne gehängt, Dekoration wird traditionell selbst gebastelt. Der letzte Schultag vor den Weihnachtsfeierlichkeiten endet mit einem Tanz um den Christbaum in der Schulaula, ehe der Weihnachtsmann Geschenke verteilt.
An Heiligabend wird erst abends der Weihnachtsbaum geschmückt. Dem jüngsten Familienmitglied wird dabei die Ehre zu Teil, dem Baum die Spitze aufzusetzen. Nach dem Weihnachtsessen tanzt wieder die ganze Familie um den Baum. Am 25. Dezember geht es morgens zuerst in die Kirche, ehe man nachmittags auf den Friedhof geht und die Gräber von Verstorbenen schmückt. Der 26. Dezember ist dann Besuchen bei Lebenden vorbehalten. Das faröersche Weihnachtsfest endet mit dem 6. Januar, an dem öffentliche Tanzabende veranstaltet werden.

Auch auf *Island* wird das Weihnachtsfest von Heiligabend bis zum Dreikönigstag gefeiert. Schon früh spielte der Weihnachtsbaum in den isländischen Traditionen eine wichtige Rolle. Ehe er per Schiff hierher transportiert werden konnte, bastelte man ihn mangels eigener Tannenbaumbestände aber selbst aus grün bemalten Holstücken und immergrünen Zweigen.
Das traditionelle Weihnachtsessen der Isländer ist Lamm mit selbstgebrautem Bier. Wie wir es schon aus Dänemark kennen, gibt es auch in Island den Mandelnachtisch als besonderen Glücksbringer. Nach dem Essen kommendie ganze Weihnachtszeit über die dreizehn Weihnachtszwerge, die den Kindern Geschenke bringen – jeden

Tag vor Heiligabend einer. Begleitend dazu wird jeden Tag ein zusätzlicher Weihnachtszwerg im Haus aufgestellt. Ab dem 1. Weihnachtstag verschwinden die Zwerge dann Stück für Stück wieder.

Osteuropa

Wie bei uns in Deutschland beginnt auch in *Polen* die Weihnachtszeit mit dem ersten Advent. Sie ist dort wie in vielen Ländern weniger eine Zeit des Genusses, sondern eine Zeit des Fastens. Traditionell feiert man das Ende dieser Fastenzeit am Heiligen Abend mit der ganzen Familie bei einem großen Weihnachtsessen. Es beginnt erst, wenn am Himmel der erste Stern zu sehen ist. Für unerwarteten Besuch und als Zeichen der Gastfreundlichkeit der Familie wird immer ein Gedeck mehr auf den Tisch gelegt, als Familienmitglieder anwesend sind. Bevor das Essen beginnt, erhält jeder eine Oblate, die er mit den anderen Familienmitgliedern teilt. Traditionell besteht das Weihnachtsessen in Anlehnung an die zwölf Apostel Jesu – aus zwölf Gängen. Abgesehen von einer Fischspeise ist das Gericht rein vegetarisch. Nach dem Essen folgt die Bescherung.

In *Tschechien* stimmt man sich auf den Weihnachtsabend ein, indem den ganzen Tag über gefastet wird. Um die Kinder dazu zu ermuntern, erzählen Eltern ihnen oft, man könne dann ein goldenes Ferkelchen sehen. Erst am Abend kommt das Weihnachtsmahl, ehe die Geschenke ausgepackt werden.
Die meisten Weihnachtstraditionen, die man in Tschechien kennt, haben mit der Zukunft zu tun. So schneidet man zum Beispiel Äpfel auf, um daraus die Ereignisse des nächsten Jahres zu lesen. Wirft ein Mädchen Schuhe über seine Schulter, will es herausfinden, ob es im nächsten Jahr heiratet.

Die *Slowakei* ist vor allem für ihre zahlreichen Weihnachtsmärkte bekannt. Auch der Barbaratag am 4. Dezember ist anders als bei uns ein wichtiger Feiertag. Dann schneiden die Mädchen Kirschzweige und stellen sie ins Wasser. Blühen sie Heiligabend, verspricht das dem Mädchen im nächsten Jahr Liebesglück. Ein eher

ungewöhnlicher Brauch ist es hingegen, dass die Frauen am 12. Dezember von Haus zu Haus ziehen, um Männer zu erschrecken.
Bricht Heiligabend die Dunkelheit an, wird wie in Polen das Weihnachtsessen serviert. Pilzsuppe, Sauerkraut und Fisch sind beliebte Weihnachtsgerichte. Wie bei uns geht man auch in der Slowakei nachts noch in die Mitternachtsmesse.

Recht früh beginnt die Weihnachtszeit schon in *Slowenien*. Hier kommt man nämlich schon am 13. November zusammen, um ein letztes Mal vor der weihnachtlichen Fastenzeit ein Festessen zu genießen. Auch die Weihnachtskrippe wird dann schon aufgestellt. Heiligabend selbst ist nur ein Tag, an dem man in die Kirche geht. Das große Weihnachtsessen, bestehend aus einem mit magischen Kräften versehenen Weihnachtsbrot und allerlei anderen Leckereien, findet ebenso wie die Bescherung erst am 1. Weihnachtstag statt. Besuche sind an diesem Tag nicht angesagt, denn Gäste am 1. Weihnachtstag weisen auf ein unglückliches, folgendes Jahr hin.

Auch in *Ungarn* beginnt die Weihnachtszeit mit dem ersten Advent. Wie in Nordeuropa ist der 13. Dezember einer der wichtigsten Tage in der Weihnachtszeit. Am Luca-Tag ist es in ländlichen Gegenden bis heute üblich, mit dem Bau eines Stuhls zu beginnen, der am Heiligen Abend fertig wird. Geht man damit in die Christmette und stellt sich darauf, kann man die Hexen entdecken und sie verjagen. Das Säen von Weizen in einen Topf und verschiedene Methoden, um zukünftige Ehemänner vorherzusagen, haben am Luca-Tag ebenfalls Tradition.
Das typische Weihnachtsessen der Ungarn ist eine Fischsuppe mit Karpfen und anschließend gebratenen Tisch. Auch gefülltes Kraut für den 1. Weihnachtstag wird bereits an Heiligabend vorbereitet.
Eine ganz besondere Rolle spielt in Ungarn der Weihnachtsbaum. Er wird nicht mit Kerzen, sondern mit elektrischen Glühbirnen erhellt und mit Zuckerstücken in Seidenpapier behängt. Heutzutage kommen auch Schokoladenbonbons oft an den Baum. Zur Bescherung kommt traditionell das Jesuskind. Zwar hatte man während des russischen Kommunismus versucht, den Nikolaus und das Christkind durch einen

Weihnachtsmann zu ersetzen, doch scheiterten diese Versuche erfreulicherweise. Ähnlich wie die deutschen Sternsinger ziehen die Kinder an den Weihnachtstagen los, um Krippenspiele zu spielen und dabei Geld für arme Familien zu sammeln. Auch diesen Brauch hatte der Kommunismus vergeblich zu tilgen versucht. Das Weihnachtsfest in *Rumänien* ist weniger ein Familienfest, als vielmehr ein sehr öffentliches Fest. Singend ziehen die Menschen von Haus zu Haus oder tragen Gedichte und Geschichten vor. Oft haben die Menschen gebastelte Sterne oder selbstgemalte Bilder aus der Weihnachtsgeschichte bei sich, die sie begleitend zu ihrem Gesang zeigen.

In *Russland* werden die Geschenke nicht vom Christkind oder Weihnachtsmann gebracht, sondern von *Väterchen Frost* und seiner Tochter *Schneeflöckchen*. Die beiden reiten in einem dreispännigen Schlitten und bringen Kindern am 7. Januar Geschenke. Dieses ungewöhnliche Datum rührt daher, dass man in Russland noch nach dem Julianischen Kalender feiert, an dem am 7. Dezember eigentlich erst der 25. Dezember ist.
Viele der russischen Weihnachtsbräuche wie das aus zwölf Gerichten bestehende Weihnachtsessen und das Aufstellen des Weihnachtsbaums wurden bereits im 17. Jahrhundert entwickelt. Im 20. Jahrhundert hatte der Kommunismus es tatsächlich geschafft, das Weihnachtsfest zu verbieten. Erst 1992 durfte es offiziell wieder gefeiert werden. Es überlebte dadurch, dass man Väterchen Frost und die übrigen Weihnachtstraditionen einfach zur Neujahrstradition umbenannte.

In *Lettland* kann man besonders gut sehen, wie sich christliche Bräuche mit vorchristlichen Traditionen zur Sonnenwendfeier vermischt haben. So trägt man Heiligabend zum Beispiel einen Eichenbalken von Haus zu Haus und verbrennt ihn am Ende. Durch das Feuer soll die Sonne neue Kraft bekommen und alles Böse vertrieben werden. Die Kinder verkleiden sich und ziehen ebenfalls von Tür zur Tür, damit sie böse Geister vertreiben.
Neben Strohsternen, die wir in Deutschland ja auch kennen, werden die

Weihnachtsbäume in Lettland auch gerne mit getrockneten Blumen geschmückt. Zum Weihnachtsessen gibt es Herzhaftes wie Blutwurst mit Erbsen, Bohnen, Schweinebraten und Fisch.

In *Litauen* ist Weihnachten ein eher ruhiges und familiäres Fest. Heiligabend ist der wichtigste Festtag, denn nach dem litauischen Glauben geht man davon aus, dass das ganze nächste Jahr genau so wird, wie der Heilige Abend. Deshalb geht man an diesem Tag auch baden oder reinigt sich durch ein Dampfbad in der Sauna.
Der Weihnachtsbaum kam um 1900 durch deutsche Einwanderer nach Litauen. Er wird auch heute noch Traditionell mit Strohsternen, Obst, Nüssen und Basteleien geschmückt. Sobald es dunkel wird, kommt die ganze Familie zum Weihnachtsessen zusammen. Wie in vielen Ländern gibt es auch hier zwölf Gerichte in Anlehnung an die zwölf Apostel. Vor dem Essen teilt sich die Familie einen Gotteskuchen, dann gibt es Fisch, Milchsuppe, Gemüse, Gebäck und Wein. Das Essen endet mit einem Strohhalmziehen: An jedem Sitzplatz gibt es unter der Tischdecke einen Strohhalm. Ist er lang und dick, verspricht er ein gutes Jahr. Dünne oder gar zerbrochene Strohhalme hingegen werden als Unglücksboten betrachtet. Wenn die Familie nach dem Essen zur Bescherung geht, bleiben die übrig gelassenen Mahlzeiten auf dem Tisch – sie sind für die Seelen der verstorbenen Verwandten gedacht.

Ebenso wie in Russland wird auch in der *Ukraine* erst am 6. Januar Weihnachten gefeiert. Bereits 988 hatte sich das Christentum hierher verbreitet, so dass es zahlreiche Bräuche gibt, die schon lange Tradition haben und ihren Ursprung teilweise in heidnischen Bräuchen haben. So wird die Geburt Christi zum Beispiel mit dem Aufgehend er Sonne gleichgesetzt.
An Heiligabend kommt die ganze Familie mit Kind und Kegel zusammen, um gemeinsam zu feiern. Nicht nur Großeltern, Tanten und Onkel nehmen teil, sondern nach ukrainischem Verständnis auch die verstorbenen Familienmitglieder. Zur Erinnerung an die zwölf Apostel werden an Heiligabend zwölf verschiedene Gerichte zubereitet. Auf den Fußboden wird Heu gelegt, damit man sich ein wenig wie im

Stall zur Geburt Christi fühlt. Unter die Tische legt man Knoblauch und Walnüsse, um Gesundheit und den familiären Zusammenhalt zu demonstrieren. Ehe das Essen beginnt, trägt man eine Weizengarbe ins Haus, die ein Opfer an Gott darstellen soll – ein Relikt aus vorchristlicher Zeit, in der den Göttern Tiere und Nahrung geopfert wurden.

Das Weihnachtsessen selbst besteht aus Maultaschen mit Kartoffeln, einer Borschtsch, Krapfen, Heringen, Salaten, Brot und Plätzchen. Eine traditionelle und bei Kindern sehr beliebte Nachspeise ist das *Kutja*, ein Gericht aus gekochtem Weizen mit Zucker, Honig, Walnüssen und Rosinen. Bevor gegessen wird, spricht das älteste Familienmitglied ein Gebet und segnet die Kutja. Sie wird als erstes von allen Anwesenden probiert – erst dann darf man sich auch andere Speisen nehmen.

Während der gesamten Weihnachtszeit und insbesondere natürlich an den Weihnachtstagen werden in der Ukraine viele Weihnachtslieder gesungen. In vielen Texten kann man noch heidnische Symbole entdecken (zum Beispiel Gott als Sonnengestalt), aber auch die Politik spielt in ukrainischen Weihnachtsliedern eine wichtige Rolle. Insbesondere vor 1991, als die Ukraine noch von anderen Reichen unterdrückt wurde, hatten politische Weihnachtslieder eine große Tradition.Nach dem Weihnachtsessen werden zahlreiche Spiele gespielt, in denen man einen Ausblick auf das neue Jahr bekommen will.

Der 1. Weihnachtstag wird mit einer bis zu vier Stunden dauernden Messe begonnen. Der Vormittag ist dann Zeit für Besuche, allerdings nur für männliche. Weibliche Besucher am Weihnachtstag gelten als schlechtes Omen, so dass vielen Frauen gar nicht erst die Tür geöffnet wird. Später gibt es dann ein Mittagessen, das zur Feier des Endes der Fastenzeit aus zahlreichen Fleischspeisen und Alkohol besteht. Geschenke gibt es keine, denn das Weihnachtsfest gilt in der Ukraine in erster Linie als Familienfest.

Nach dem Essen ziehen dann Sternsinger umher, die Kinder spielen Weihnachtsgeschenke oder tragen Lieder vor. Belohnt werden sie dafür mit Geld oder Süßigkeiten.

Am zweiten Weihnachtstag geht man andere Verwandte besuchen oder erwartet zu Hause Sternsinger. Bis zu zehn verschiedene Gruppen ziehen in jedem Ort von Tür zu Tür und gratulieren zur Geburt Christi, spielen die Weihnachtsgeschichte nach und singen natürlich. Wie schon bei den Kindern am 1. Weihnachtstag bedanken sich die Hausherren mit Süßigkeiten oder Geld. Oft sind diese Gesangstouren mit kleinen Wetten unter den einzelnen Gruppen verbunden. Die Verlierergruppe muss dann zum Beispiel einen Tanzabend organisieren.

Der wichtigste Weihnachtstag in *Bulgarien* ist der 25. Dezember. In Bulgarien sind die meisten Menschen orthodox und haben seit dem 15. November streng gefastet. Schon am Heiligen Abend beginnt man die Feierlichkeiten, indem man verschiedene Gerichte vorbereitet, die immer eine ungerade Zahl haben müssen. Da Heiligabend noch ein Fastentag ist, dürfen aber keine tierischen Produkte in den Gerichten enthalten sein. Bohnensuppe und gefüllte Weinblätter sind typische Speisen, die die Bulgaren an Weihnachten genießen.

Eine besondere Tradition ist das Münzbrot: In einem Brot wird eine Münze versteckt. Jedes Familienmitglied, außerdem die Haustiere, Gott, die Heilige Maria und das Haus, bekommt ein Stück Brot. Wer die Münze findet, dem steht im nächsten Jahr viel Glück bevor. Danach geht das älteste Mitglied der Familie mit Weihrauch von Zimmer zu Zimmer, um so das Böse fern zu halten.

Um Mitternacht ziehen die jungen Männer der Gemeinde singend von Haus zu Haus, um den Menschen Glück und Wohlstand zu wünschen. Die Männer werden dafür zum Dank mit Bretzeln und Wein, manchmal auch mit Geld beschenkt. Etwa zur selben Zeit – von Mitternacht bis zum Morgengrauen zieht dann auch der Weihnachtsmann durch die Häuser, um die Geschenke zu bringen.

Mittelamerika

Auch in Mittelamerika feiern die Menschen gerne Weihnachten. Ist es im Norden eher ein Fest des Konsums und der Üppigkeit, ist das *mexikanische* Weihnachtsfest allerdings eher ein Familienfest.

Bei der mexikanischen Weihnachtsdekoration spielt die Symbolik eine wichtige Rolle. Sterne zum Beispiel sind in den teilweise ausgesprochen kunstvollen Lichterdekorationen in den mexikanischen Städten sehr beliebt. Schnee gibt es hier wegen des warmen Klimas nicht und auch Weihnachtsbäume wachsen in Mexiko nicht. Sie müssen für teures Geld importiert werden. Da die meisten Mexikaner sehr arm sind, begnügen sie sich daher oft mit einem wiederverwendbaren Weihnachtsbaum aus Plastik, der auch ruhig bunt sein darf. Einen Adventskranz oder Adventskalender gibt es ebenfalls nicht, dafür hängen die Mexikaner bunte *Pinatas* auf. Dabei handelt es sich um Tiere aus Pappe, die mit Süßigkeiten gefüllt sind und mit weihnachtlichen Motiven dekoriert wurden. Jedes Kind darf nun drei Mal mit seinem Stock auf die Pinata schlagen, um die Süßigkeiten herauszuholen.

Das Schauspiel spielt bei den Mexikanern in der Weihnachtszeit eine große Rolle. So werden am dem 16. Dezember die *Posadas* aufgeführt. Es handelt sich dabei um ein Krippenspiel, zu dem es jeden Tag eine neue Szene gibt. Posadas werden öffentlich aufgeführt, können aber auch im kleinen Kreis gefeiert werden. Dann klopft man verkleidet als Maria und Josef an die Türen von Freunden, wo man anschließend bewirtet wird. Das Gegenstück zu den Posadas sind die *Pastoleras*. Bei diesem Kostümspektakel versucht der Teufel, fromme Pilger von seinem Weg abzubringen. Natürlich wird er besiegt.

Geschenke gibt es in Mexiko übrigens nicht nur am Weihnachtstag, sondern auch am 6. Januar.

Südamerika

Natürlich wird auch auf der Südhalbkugel Weihnachten gefeiert. Da es hier keinen Schnee gibt und der Süden der Erde im Dezember Hochsommer hat, gibt es aber einige gravierende Unterschiede. Schnee fällt verständlicherweise vollkommen weg und auch Tannenbäume wachsen in dem tropischen Klima nicht. Wer sich den teuren Import eines Weihnachtsbaumes nicht leisten kann, der greift daher in der Regel zu künstlichen Tannenbäumen.

In vielen südamerikanischen Ländern spielt das Brauchtum eine wichtige Rolle. So basteln die *Bolivianer* zum Beispiel oft ihre Weihnachtskrippe selbst und stellen sie bereits Anfang Dezember auf. Die Weihnachtsgeschenke gibt es an Weihnachten nicht unterm Baum, sondern in den Schuhen, die die Kinder abends vor die Tür stellen. Das ist recht selten, denn die meisten südamerikanischen Länder sind so arm, dass Geschenke am Weihnachtstag keine größere Rolle spielen. Lediglich am Dreikönigstag gibt es ein paar kleine Geschenke und Spielzeuge.

Wichtiger ist in Südamerika das Essen. Fast jedes Land hat sein Nationalgericht, das am Weihnachtstag gefeiert und mit Freunden und Familie geteilt wird - natürlich nicht, ohne vorher in der Kirche gewesen zu sein – da vor allem die katholischen Länder Spanien und Portugal in Südamerika Kolonien gegründet haben, ist der christliche Glaube hier sehr tief verwurzelt. In den meisten Ländern beginnen die Weihnachtsfeierlichkeiten also mitten in der Nacht. Bis zum Morgengrauen wird dann gemeinsam gegessen und gefeiert.

Australien

Nicht nur in Europa, sondern auch in der südlichen Hemisphäre feiern die Menschen Weihnachten. *Australien* zum Beispiel wurde ursprünglich ja von britischen Strafgefangenen besiedelt, die zu Hause zwar Verbrechen begangen hatten, deshalb aber nicht unbedingt weniger gläubig waren. Von Anfang an gehörte Weihnachten deshalb zu den wichtigsten Feiertagen, die man in Australien hatte. Allerdings hatte die Sache einen Haken:

In Australien liegen die Temperaturen gut und gerne weit über 35 Grad Celsius. Das sorgt natürlich für einige Unterschiede zum deutschen Weihnachtsfest. Tannenbäume gibt es so wie überall auf der Südhalbkugel praktisch gar nicht. Die meisten Australier haben deshalb künstliche Weihnachtsbäume, gerne auch einmal in ungewöhnlicheren Farben. Da diese Bäume nicht nadeln und die Australier offenbar einen Hang zu weihnachtlicher Dekoration haben, stellen viele Familien ihren Weihnachtsbaum schon Anfang Dezember auf - und legen auch gleich noch die Geschenke darunter. So können die Kinder die ganze Weihnachtszeit damit verbringen, an Päckchen zu rütteln und zu raten, was denn wohl darin sein könnte.

Doch nicht nur im Haus wird fleißig dekoriert, sondern auch außerhalb. Wie in den USA lieben es die Australier, ihre Häuser mit Licht und Lametta bunt zu dekorieren. Dabei geht es dann allerdings weniger um klassische Besinnlichkeit, wie wir es hierzulande kennen. Im Gegenteil: Je üppiger, bunter und schriller die Dekoration ist, umso besser. In manchen Städten werden sogar Wettbewerbe veranstaltet, bei denen der Hausbesitzer mit dem buntesten Haus einen Preis gewinnt. Auch in Einkaufszentren sind künstliche Weihnachtsbäume zu finden. Sie sind ebenfalls künstlich und wurden von Designern so weit "perfektioniert", dass sie eher an einen Kegel als an einen richtigen Tannenbaum erinnern. Das macht allerdings nichts, denn wie in Amerika sind die australischen Weihnachtsbäume derartig üppig mit Kugeln und Lametta behangen, dass der Baum eh nicht mehr zu sehen ist.

Obwohl die Australier eigentlich britischen Ursprungs sind, sind sie bei der Gestaltung ihres Weihnachtsfests eher wie die Us-Amerikaner.

Auch das Weihnachtsfest selbst ist eher amerikanisch: Am Heiligen Abend, der nicht weiter festlich begangen wird, stellen die Kinder Tabletts mit Keksen und Milch für den Weihnachtsmann sowie mit Möhren für die Rentiere vor die Haustür. Damit soll sich *Santa Clause* nicht nur stärken, er soll auch dazu überzeugt werden, möglichst viele Geschenke zurück zu lassen. Und das mit Erfolg: Wachen die Kinder morgens auf, finden sie am Fuß ihres Bettes kopfkissengroße Säcke voll mit Geschenken. Kein Wunder, dass Kinder und Eltern am Weihnachtsmorgen nicht viel Schlaf bekommen.

Sind alle Geschenke ausgepackt, trifft man sich mit der Familie und Freunden, um einen Brunch oder ein Barbecue zu veranstalten. Bei sommerlichstem Wetter wird dann im Garten gegrillt und im Pool geplanscht - und es werden zahllose Weihnachtslieder gesungen. Bei so viel Feierei wird der 2. Weihnachtstag dann nur noch zur Erholung genutzt. Auch der Weihnachtsbaum wird jetzt abgebaut, denn einer Tradition entsprechend darf er am Neujahrstag nicht mehr im Haus stehen. So schlimm ist das für die Australier aber nicht. Schließlich hatten sie vier Wochen Zeit, ihren Baum zu bestaunen.

So wie es in Deutschland Menschen gibt, für die Weihnachten weiß sein muss (mich zum Beispiel!) gibt es das auch in Australien. Dumm nur, dass es dort im Dezember brüllend heiß ist. Aber auch dafür haben die Menschen in Australien, oder eher gesagt in der ganzen südlichen Hemisphäre, eine Lösung: Sie feiern Weihnachten im Juli einfach noch mal. Dann ist es kühl genug, dass wenigstens Kunstschnee ein paar Tage überlebt. Viele Geschäfte nutzen auch die Gelegenheit, um vor dem Schulbeginn im August noch einmal einen Weihnachtssonderverkauf zu starten. Wunderbar, zwei Mal im Jahr Weihnachten feiern. Warum gibt es das hier nicht?

Afrika

Auch in Afrika wird Weihnachten gefeiert. Zwar ist der Kontinent überwiegend muslimisch, doch nicht zuletzt den europäischen Kolonien ist es zu verdanken, dass Christentum und Weihnachtsfest auch hier Einzug gehalten haben. Abhängig von der jeweiligen Kolonialherrschaft sind allerdings auch die Weihnachtsbräuche höchst unterschiedlich. Doch fangen wir mit den Gemeinsamkeiten an:

In Afrika klettern die Temperaturen im Dezember gerne auf über 40 Grad. Tannen gedeihen – wie wir schon erfahren haben - bei diesem Klima nicht und auch von Schnee kann man höchstens auf dem Kilimandscharo reden. Das Weihnachtsbaumproblem haben die Afrikaner allerdings ganz einfach gelöst: In manchen Ländern nutzt man künstliche Bäume aus Plastik, in anderen Ländern werden statt Tannen einfach Mangos oder Guaven weihnachtlich dekoriert. Auch eine Weihnachtskrippe findet man in den meisten christlichen Häusern, allerdings in einer ganz eigenen Interpretation: Statt einem Stall mit Ochsen, Esel und Schafen gibt es eine offene Krippe unter hohen Bäumen mit Giraffen, Zebras und anderen afrikanischen Tieren.

Hier enden die Gemeinsamkeiten allerdings auch schon. Etwas ganz Besonderes ist das Weihnachtsfest in *Ghana*. Die Adventszeit, die wie bei uns Ende November beginnt, nutzen die Einheimischen, um Freunde und Verwandte zu besuchen. Das ist eine große Leistung, denn Ghana ist sehr arm und nur sehr, sehr wenige Einwohner haben ein Auto oder können sich eine Fahrkarte für den Zug leisten. Meistens gehen sie zu Fuß und es kann durchaus mehrere Tage dauern, ehe sie am Ziel ankommen. Am Heiligen Abend kehren sie dann aber alle wieder nach Hause zurück, denn jetzt muss das Festessen zubereitet werden. Manche Familien sparen das ganze Jahr über Reis oder züchten ein Schwein nur für diesen Tag, damit sie es sich an diesem Tag so richtig gut gehen lassen können.

Vor dem Weihnachtsessen geht es aber erst einmal in die Messe. Wie fast überall in Afrika ist sie weniger besinnlich als vielmehr ein richtiges Fest: Hier wird gesungen und getanzt und es werden Schauspiele aufgeführt. Gefeiert wird meistens im Freien, denn in den Häusern ist es zu dieser Zeit viel zu heiß. Obwohl die Familien in Ghana nicht viel Geld haben, gibt es am 2. Weihnachtstag oft auch kleine Geschenke, meistens Kleidung oder Spielzeug. In den größeren Städten wird abends noch ein Feuerwerk veranstaltet.

In *Äthiopien* und *Ägypten* ist etwa jeder achte Einwohner ein koptischer Christ, der

Weihnachten feiert. Wie in Griechenland und Russland auch, fällt der Weihnachtstag wegen des anderen Kalenders allerdings nicht auf den 25. Dezember, sondern auf den 7. Januar. Nach einer mehrwöchigen Fastenzeit geht es zuerst in die Mitternachtsmesse, ehe die ganze Familie zum Essen zusammenkommt. Manche Kopten fasten nach dem Weihnachtsfest noch einmal für zwei Wochen.

Besonders ausgefallen ist das Weihnachtsfest in *Südafrika* und *Mali*. Hier wird die Geburt Christi nicht mit Besinnlichkeit und innerer Einkehr gefeiert, sondern mit einer ausgelassenen Party. Wegen der großen Hitze finden sie nach Möglichkeit am Pool oder am Meer statt, so dass man sich jederzeit ein wenig abkühlen kann. Bei Weihnachtsliedern wird dann bis in die späte Nacht hinein gefeiert.

Asien

In Asien wird kein Weihnachten gefeiert, mit Ausnahme von Russland sind die meisten Länder dort schließlich eher buddhistisch oder hinduistisch geprägt. Doch stimmt das? Richtig ist, dass Weihnachten dort längst nicht denselben Stellenwert einnimmt, wie auf den übrigen Kontinenten. Abgesehen von kleineren, christlichen Gemeinden, die das Weihnachtsfest sehr traditionell feiern, ist das Weihnachten in Asien eher aus kommerzieller Sicht ein wichtiger Faktor.

Sehr einfach geht es an Weihnachten in den Ländern im Vorderen Orient zu. In *Armenien*, wo man Weihnachten am 6. Januar feiert, stimmt man sich schon am Abend vorher mit einer sehr prunkvollen Messe auf das Fest ein. Kerzenlicht hat hier eine große Bedeutung, denn es steht für das Licht Christi und den Stern, der am Tage seiner Geburt die Heiligen Drei Könige zur Krippe geführt hat. Deshalb haben die Armenier nicht nur zu Hause die ganze Nacht eine brennende Kerze oder ein Öllicht, sondern auch im Gottesdienst. In Ländern wie *Bangladesch*, *Georgien* und *Indonesien* gibt es nur eine geringe, christliche Bevölkerung. Teilweise ist dort nicht einmal jeder zehnte Christ. Dennoch ist Weihnachten hier ein gesetzlicher Feiertag, der mit kleineren Bräuchen gefeiert wird. Interessant ist in diesen Ländern, dass nicht nur die christliche Bevölkerung Weihnachten feiert, sondern auch ein großer Teil der nicht-Christen. Im *Libanon* zum Beispiel stellen sich auch Muslime gerne einen Christbaum und eine Weihnachtskrippe ins Haus und zum Weihnachtsessen gibt es neben regionalen Speisen auch Truthahn.

Auch in *Indien*, dem menschenmäßig zweitgrößten Land der Welt, wird gerne Weihnachten gefeiert. Das ist insofern eine Überraschung, weil der Großteil aller Einheimischen hinduistischen Glaubens ist. Weihnachten hat hier deshalb auch keine religiösen Hintergründe. Ähnlich wie Halloween und der Valentinstag ist auch Weihnachten hier lediglich ein Trend, den man sich aus amerikanischen Filmen abgeguckt hat. Die Inder mögen es bei Festen üppig, deshalb gibt es große und reich geschmückte Weihnachtsbäume. Die Geschenke bringt der Weihnachtsmann. Sogar Weihnachtsferien gibt es, die auch gleich das Neujahrsfest mit einschließen. Religiöse Weihnachten feiern allerdings nur christliche Familien und christliche Schulen, die auch von hinduistischen Kindern besucht werden.

Etwas anders ist es in *China*. Das auch heute noch sehr kommunistische Land kennt weder aus religiöser, noch aus kommerzieller Sicht ein Weihnachtsfest. Dementsprechend ist Weihnachten auch kein gesetzlicher Feiertag und wird von Christen nur privat zu Hause gefeiert. Ausnahmen davon sind nur die Städte *Hongkong* und *Macao*, die lange Zeit unter europäischer Herrschaft standen und dadurch viele Traditionen des Christentums übernommen haben. Doch auch wenn China eigentlich kein Weihnachten feiert, ist ein Trend doch deutlich bemerkbar: In immer mehr Städten findet man in der Weihnachtsdekoration mit Weihnachtsmännern, Sternen und Christbäumen. Immer mehr Chinesen finden auch Freude daran, sich an diesem Tag ein gutes Essen zu gönnen und sich gegenseitig zu beschenken.

Überraschend wichtig ist Weihnachten für die Menschen in *Südkorea*. Es ist das einzige ostasiatische Land, in dem es dafür sogar einen eigenen Feiertag gibt. Selbst nichtchristliche Koreaner haben an dem Fest so viel Freude, dass sie Weihnachtsbäume und Krippen aufstellen, Grußkarten verschicken und sich gegenseitig beschenken. Den ganzen Tag über laufen auch westliche

Weihnachtslieder und Weihnachtsfilme im Radio oder im Fernsehen. Der Unterschied zwischen einem christlichen und einem nichtchristlichen Weihnachtsfest besteht in Südkorea nur darin, dass die Christen noch einen Gottesdienst besuchen. Dieser ist interessanterweise vor allem bei den Jugendlichen sehr beliebt, da er Kameradschaft bedeutet. Nach dem Gottesdienst laden die älteren Gemeindemitglieder die jüngeren zum Essen ein.

Das weihnachtsfreudigste Land in Asien ist aber ohne jeden Zweifel *Japan*. Gleichzeitig gibt es wohl keine größeren Unterschiede zum klassischen Weihnachten als hier. Die meisten Japaner sind Buddhisten mit viel Respekt vor fremden Religionen. Für sie ist es deshalb ganz normal, Weihnachten zu feiern. Auf diese Weise demonstrieren sie, dass sie auch fremden Göttern und Religionen die Ehre erweisen und ihre höchsten Festtage angemessen feiern. Was angemessen ist, ist aber offenbar Interpretationssache, denn das japanische Weihnachten ist dem Valentinstag wesentlich näher als einem klassischen Weihnachtsfest. Da in Japan der Neujahrstag als besinnliches Familienfest gefeiert wird, besteht bei den Einheimischen keine Veranlassung, zwei mal in so kurzer Zeit Besinnlichkeit zu zeigen. Deshalb werden an Weihnachten Partys veranstaltet und Singles nutzen den Tag als Gelegenheit, sich neue Partner zu suchen. Verliebte machen sich gegenseitig Geschenke und unternehmen danach romantische Spaziergänge durch die festlich geschmückten Straßen. Eine besondere Tradition haben die Japaner hinsichtlich Weihnachten dann aber doch: Die Weihnachtstorte. Der weiß verzierte und mit Erdbeeren geschmückte Sahnetraum soll ein Geschenk für das Christkind sein.

Der Weihnachtstag – ein historischer Rückblick

Rein kalendarisch gesehen ist Weihnachten ein Tag wie jeder andere. Da nicht jedes Land auf dieser Erde christlich ist, ist es also nichts Ungewöhnliches, dass vielerorts an diesen wichtigen Feiertagen gearbeitet wird. Auch die Natur richtet sich nicht nach Festtagen, so dass es im Laufe der Jahrhunderte zu zahlreichen schönen und weniger schönen Ereignissen gekommen ist. Die bedeutendsten von ihnen möchte ich hier vorstellen.

Der 24. Dezember – Heiligabend

1167 – Johann Ohneland, Bruder von König Richard von England wird geboren

Am 24. Dezember des Jahres 1167 (andere Quellen gehen von 1166 aus) wurde *Johann von England* in Beaumont Palace, Oxford, England, als Sohn von Heinrich II. von England und seiner Frau Eleonore von Aquitanien geboren. Weil Johann als fünfter in der Thronfolge (nach seinen vier älteren Brüdern Wilhelm, Heinrich, Gottfried und Richard) nach seiner Geburt nur kleine Teile des *Angevinischen Reiches* (des Herrschaftsgebietes des Hauses Plantagenet, das sich damals von Nordengland bis nach Südfrankreich erstreckte) zugeteilt bekam, wurde Johann unter dem Namen *John Lackland* (Johann Ohneland) bekannt. Nachdem die drei ältesten Brüder Johanns früh starben, trat mit dem Tode Heinrichs II. im Jahre 1189 Richard I., bekannt als *Richard Löwenherz*, das Thronerbe an. Unmittelbar nach seiner Krönung machte sich dieser allerdings auf den Weg nach Palästina und betraute Johann mit der Vertretung seiner Amtsgeschäfte. Um sich Johanns Loyalität zu versichern, schenkte Richard ihm großzügige Ländereien in verschiedenen Teilen des Königreichs. Das Misstrauen zwischen beiden war aber immer noch so groß, dass Richard Johann das Versprechen abnahm, für drei Jahre nicht aus den französischen Teilen des Angevinischen Reiches nach England zurückzukehren.

Richard, der zu diesem Zeitpunkt davon ausgegangen sein muss, nach spätestens drei Jahren von dem Kreuzzug zurückzukehren, versprach sich davon eine bessere

Kontrolle über Johanns politische Aktivitäten in seiner Heimat. Als Richard sich jedoch auf den Rückweg nach England machte, wurde er von Leopold V. Herzog von Österreich gefangen genommen und an Kaiser Heinrich VI. HRR (der damals regierende, deutsche Kaiser) übergeben. Während Richard in Österreich als Geisel gehalten wurde, kehrte Johann nach England zurück und versuchte, seinen Machtanspruch gegen den Bruder politisch und militärisch zu festigen. Als Richard 1194 verspätet nach England zurückkehrte, war Johanns Heer jedoch schnell geschlagen und dieser in die Normandie geflohen. Richard spürte Johann auf und vergab ihm schließlich seinen Umsturzversuch, nicht jedoch ohne ihm große Teile seiner Ländereien wieder abzunehmen.

Richard beherrschte England noch für weitere fünf Jahre. Nach seinem Tod am 6. April 1199 ließ sich Johann zum König krönen, sollte damit aber einen Konflikt mit Arthur I. Herzog von Bretagne, seinem Neffen, heraufbeschwören. Obwohl nämlich Johann nach normannischem Recht der legitime Nachfolger Richards I. war, sah das angevinische Recht Arthur als rechtmäßigen Thronfolger vor. Die Streitigkeiten führten zu einem Krieg zwischen Johann auf der einen und Arthur und Philip II. von Frankreich auf der anderen Seite, der sich bis zum Friedensvertrag von *Le Goulet* im Mai 1200 hinzog. Nur wenig später kam es zwischen Philip und Johann wegen Streitigkeiten um dessen angestrebte Hochzeit mit Isabella von Angoulême erneut zu kriegerischen Auseinandersetzungen. 1204 erlitten Johanns Truppen am Château Gaillard in der Nähe von Rouen eine schwere Niederlage, in dessen Folge dieser seine Besitztümer in der Normandie an Arthur verlor.

In der folgenden Zeit verwendete Johann viel Zeit darauf, sich einerseits gegen eine französische Invasion zu rüsten, andererseits aber die Rückeroberung der Normandie vorzubereiten. Über zehn Jahre lang bestand der Konflikt zwischen Johann und Philip vor allem daraus, auf dem europäischen Festland Verbündete gegen den jeweils anderen einzuschwören. Gleichzeitig begannen aber Barone aus dem Norden Englands, die Johann zum Teil hohe Summen Geld schuldeten, einen Aufruhr gegen den König vorzubereiten. Nachdem Johann nach seiner endgültigen Niederlage im

Kampf um die Normandie nach England zurückkehrte, dauerte es nicht lange, bis die revoltierenden Barone ihre Heere Richtung London in Bewegung setzten. London, Lincoln und Exeter wurden besetzt und Johann an den Verhandlungstisch gezwungen. Das Ergebnis dieser Gespräche war eine später als "*Magna Carta*" bekannt gewordene Urkunde, die vor allem die Rechte des Adels gegenüber dem König massiv stärkte.

Weil weder Johann noch die Barone sich an die ausgehandelten Abmachungen hielten, kam es erneut zum Krieg zwischen beiden Parteien. Johann geriet schwer unter Druck, als Prinz Ludwig VIII. von Frankreich auf Seiten der Aufständischen intervenierte, zu einer entscheidenden Schlacht sollte es allerdings nicht mehr kommen. Am 18. Oktober 1216 starb Johann an den Folgen der Ruhr.

Die Weihnachtsflut von 1717

Am 25. Dezember 1717 brach, durch starke Nordwinde verursacht, eine schwere Sturmflut über die Nordseeküste zwischen den westlichen Niederlanden (Haarlem, westlich von Amsterdam) und der Stadt Tondern in Dänemark herein. Die Katastrophe, im Übrigen die letzte schwere Sturmflut, die die Niederlande heimsuchte, zerstörte Deiche in der gesamten Küstenregion und erreichte insbesondere in dem Landstrich zwischen Bremerhaven und Hamburg Orte, die bis zu zwanzig Kilometer von der Küste entfernt waren. Berichten aus der Zeit zufolge soll der Wind die Wassermaßen über eine Dauer von drei Tagen in das Land gedrückt haben, was schnelle Hilfsmaßnahmen unmöglich werden ließ. Man geht heute davon aus, dass die Weihnachtsflut von 1717 fast 12.000 Menschen das Leben kostete und darüber hinaus die Existenzgrundlage der überwiegend von Land- und Viehwirtschaft lebenden Bevölkerung auf Jahre hinweg zerstörte. Die Verwüstungen durch das Wasser wurden alleine in Ostfriesland für etwa 16.000 Stück Vieh zum Verhängnis. Die winterliche Witterung verstärkte den verheerenden Effekt des Wassers zusätzlich. In der Folge brach eine Hungersnot über die Region herein, die trotz wirtschaftlicher Hilfen über mehrere Jahre das Leben der Menschen prägte.

Ackerland war durch Salzablagerung unfruchtbar geworden und weite Flächen wurden wegen der nur langsam voranschreitenden Reparatur der Deiche immer wieder von kleineren Fluten unter Wasser gesetzt. Der Hunger und die notdürftige Unterbringung leisteten Epidemien und Krankheiten wie dem Marschfieber Vorschub.

Sichtbare Spuren der Katastrophe gibt es heute wenige. Beschädigte Gebäude wurden in der Regel abgerissen und durch neue, stabilere Bauten ersetzt. Einige Orte, die durch die Sturmflut gänzlich von der Landkarte getilgt wurden, sind erst im Laufe des 20. Jahrhunderts im Rahmen archäologischer Maßnahmen wiederentdeckt worden, darunter beispielsweise das Dorf Werven in der Nähe von Büsum. Unter Geographen gelten die Auswirkungen der Sturmflut auf die Landschaft und den Deichbau als bis heute besonders gut sicht- und nachvollziehbar. Für den Laien dürften diese jahrhundertealten Zeugnisse des langen Ringens zwischen Land und Meer heute allerdings nur noch schwer zu entdecken sein.

1777 – James Cook entdeckt die Weihnachtsinseln

James Cook war einer der bedeutendsten Entdecker seiner Zeit. Der 1728 als Sohn eines Tagelöhners in Yorkshire geborene Seemann heuerte schon mit 18 Jahren auf seinem ersten Kohlenschiff an. Um sozial aufsteigen zu können wechselte er aber schon wenige Jahre später in den Dienst der englischen Krone und trat der Royal Navy bei. 1756 erhielt er sein erstes, eigenes Kommando und fertigte in den nachfolgenden Jahren äußerst präzise Seekarten an, die für England vor allem in Kriegszeiten von großer Bedeutung waren.

Die Entdeckung der Südsee

Auf Empfehlung der *Royal Society* unternahm James Cook drei Reisen in die Südsee, um sie weiter zu erforschen. Während seiner dritten Reise war der Seemann mittlerweile selbst Mitglied der Royal Society. Obwohl er in England gut und sicher hätte leben können, brach er erneut zu einer Seereise auf. Ziel war es, eine kürzere Passage von Asien nach England zu finden, über die auch in Kriegszeiten Waren sicher transportiert werden konnten. Der Ruf des Seemanns war zu dieser Zeit so groß, dass selbst verfeindete Mächte wie Frankreich ihre Marine anwiesen, Cook nicht auf seinen Missionen aufzuhalten. Zu wertvoll waren die Erkenntnisse, die er jedes Mal von seinen Reisen mitbrachte.

James Cook umsegelte Tasmanien und fuhr von hier aus bis nach Hawaii. Auf seiner Reise entdeckte er nicht nur völlig neue und ihm vollkommen fremde Kulturen. Er entdeckte auch die Insel *Kritimati*, die er – anlässlich dem Tag ihrer Entdeckung, dem 24. Dezember 1777 – die "Weihnachtsinsel" nannte. Diese Entdeckung war allerdings eine seiner letzten. 1779 starb James Cook weitab von zu Hause auf einer hawaiianischen Insel.

Die Weihnachtsinsel

Die Weihnachtsinsel befindet sich im Zentralpazifik, und ist eine sogenannte Koralleninsel. Nach ihrer Entdeckung 1777 befand sie sich ursprünglich im Besitz der englischen Krone, wurde aber 1856 im *Guano Islands Act* von den Vereinigten Staaten von Amerika in Besitz genommen. Das nützte allerdings nicht viel, denn 1889 annektierte das Britische Empire die Insel einfach wieder und begann damit, hier Kokospalmen anzubauen. Schön und idyllisch blieb es auf der Weihnachtsinsel allerdings nicht ewig. In den 1950er Jahren unternahm Großbritannien hier seine ersten Tests der gefürchteten Wasserstoffbombe. Auch Atombombentests fanden in der unmittelbaren Nähe der Weihnachtsinsel statt. Erst 1979 entließ Großbritannien die Insel in die Selbständigkeit. Sie wurde daraufhin Bestandteil des Inselstaates *Kiribati*.

1818 – das Lied "Stille Nacht, Heilige Nacht" wird geschrieben

Aus musikalischer Sicht war der 24. Dezember 1818 ein ganz besonderer Tag, denn heute wurde das Lied *„Stille Nacht, Heilige Nacht"* geschrieben. Es ist bis heute das berühmteste Weihnachtslied der Welt und wurde in insgesamt über 300 Sprachen übersetzt – darunter auch nichtchristliche Sprachen wie türkisch oder japanisch. Seinen Ursprung hat das Lied aber in Deutschland, wo es durch den Pfarrer Joseph Mohr mit Hilfe des Organisten Franz Xaver Gruber komponiert wurde. Zum ersten Mal vorgetragen wurde es in der kleinen Gemeinde Oberndorf bei Laufen an der Salzach.

Bereits 1816 hatte Pfarrer Mohr das Lied als Gedicht komponiert, das dann auf seinen Wunsch hin durch Gruber vertont wurde. Wie es zur Dichtung des Liedes kam, ist nicht ganz klar. Manche gehen heute davon aus, dass das Positiv der Kirche (eine Art Orgel) beschädigt war und man deshalb ein Lied benötigte, das auch von der Gitarre begleitet werden konnte. Durch einen Orgelbaumeister, der später das beschädigte Positiv reparierte, wurde das Lied dann erst nach Fügen und von da aus nach Leipzig gebracht. 1833 hatte sich das Lied bereits zu einem Volkslied mit damals unbekanntem Urheber entwickelt. Erst als König Wilhelm IV. von Preußen 1854 vom Stift Sankt Peter in Salzburg eine Abschrift des Liedtextes erbat, entdeckte man den Komponisten wieder. Bis dahin hatte man es für ein Werk des Komponisten Haydn gehalten. 2011 nahm man das Lied dann in die *„Nationale Liste des Immateriellen Kulturerbes"* der UNESCO auf. Mittlerweile hat man diesem „Dauerbrenner" sogar zwei Spielfilme und einen Dokumentarfilm gewidmet.

1837 – Elisabeth Amalie Eugenie, Kaiserin "Sisi" von Österreich wird geboren

Wer hätte gedacht, dass eine der berühmtesten und tragischsten Figuren der Geschichte ein echtes „Christkind" war? Die Rede ist natürlich von Elisabeth Amalie Eugenie, Kaiserin von Österreich und Ungarn, besser bekannt als *„Sisi"*. Ihr zu Ehren werden heute noch jedes Jahr an Weihnachten die berühmten „Sissi"-Filme des Regisseurs Marischka gezeigt, die das Leben der Kaiserin – wenn auch ein wenig verkitscht – wiedergeben.

Elisabeth war nach ihrer Schwester Helene die zweite Tochter des Herzogs Max Joseph in Bayern, der mit Ludovika Wilhelmine, Prinzessin von Bayern verheiratet war. In Abgrenzung zum Bayerischen König, der das „von" im Namen trug, lautete der Namenszusatz der Herzogsfamilie „in". Geboren wurde sie im Herzog-Max-Palais in München, wo sie die Winter verbrachte. In den Sommermonaten ging es an den nahe gelegenen Starnberger See, wo das Familienschloss Possenhofen stand. Da die Herzogsfamilie keine Verpflichtungen am bayerischen Königshof hatte, wuchsen Elisabeth und ihre Kinder recht ungezwungen auf. Elisabeth, die ohnehin schon als sehr unruhig und ungezwungen galt, ging lieber mit ihrem Vater reiten oder schrieb Verse, statt sich dem Unterricht zu widmen.

In Zeiten, in denen Ehen üblicherweise arrangiert wurden, war es eigentlich nicht vorgesehen, dass Elisabeth in eine allzu einflussreiche Position einheiratete. 1853 ergab es sich, dass ihr Cousin, Franz Joseph von Österreich, eine Braut suchte. Zwar war er erst 23 Jahre alt, doch als Kaiser des Alpenlandes war es wichtig, möglichst schnell die Dynastie zu sichern. Seine Mutter, Erzherzogin Sophie und Tante Elisabeths, zog Elisabeths Schwester Helene als geeignete Braut für Franz Joseph in Betracht. Die beiden sollten in *Bad Ischl* aufeinander treffen und sich dort offiziell am Geburtstag des Kaisers verloben.

Doch das Schicksal meinte es anders und der Kaiser verliebte sich auf der Stelle in seine erst 15 Jahre alte Cousine Elisabeth. Er setzte sich durch und verlobte sich mit dem vollkommen unvorbereiteten Mädchen. Ausgestattet mit einer Mitgift in Höhe von 500.000 Gulden und einer neuen Garderobe brach die zukünftige Kaiserin nach Wien auf, wo sie a, 24. April 1854 heiratete. Bereits ein Jahr später brachte sie ihre erste Tochter Sophie Friederike zur Welt, der bald darauf Prinzessin Gisela folgte. Mit der (vermutlich begründeten) Behauptung, Elisabeth sei zu jung, um ihre Kinder zu erziehen, übernahm Erzherzogin Sophie die Erziehung der Prinzessinnen. Elisabeth durfte die Mädchen nur nach vorheriger Ankündigung und unter Aufsicht der Erzherzogin besuchen. Auf einer schicksalhaften Reise, während der Elisabeth mehr Rechte in der Erziehung der Kinder durchsetzte, erkrankten die beiden Töchter; Sophie, mittlerweile zwei Jahre alt, starb.

1858 wurde der lang ersehnte Thronfolger Rudolf geboren, um den Elisabeth sich – noch immer in Trauer um Sophie – nicht kümmern konnte. Stattdessen wurde der Kronprinz schon im zarten Knabenalter in eine militärische Ausbildung gegeben, die mit harten Methoden arbeitete, die das sensible Kind vermutlich für den Rest seines Lebens traumatisierten. Es dauerte Jahre, ehe Elisabeth die Behandlung bemerkte und ein Ende dieser erzieherischen Maßnahmen durchsetzen konnte. 1889 nahm Rudolf sich – vermutlich wegen der schlechten Beziehung zu seinen Eltern, einer tödlichen Krankheit und der Aussicht, auch als gesunder Mensch niemals Kaiser zu werden – das Leben. Elisabeth suchte die Schuld am kaiserlichen Hof, obwohl sie selbst ihren Sohn ebenfalls vernachlässigt hatte. Dennoch war sie offenbar von Schuldgefühlen geplagt, denn ihr letztes Kind, Marie Valerie, verhätschelte sie nach Kräften.

Das Verhältnis zum Kaiser war ebenso schlecht wie zu Elisabeths Kindern, hinzu kam das strenge Hofprotokoll, dem die freiheitsliebende Elisabeth sich nie unterordnen konnte. Schon 1860 begann sie deshalb damit, so viel wie möglich auf Reisen zu gehen und sich so dem Hof und den dortigen Verpflichtungen zu entziehen. Die offizielle Begründung für diese Reisen waren Lungenkrankheiten. Um auch während ihrer Aufenthalte in Wien vom Kaiser nicht bedrängt zu werden, arrangierte sie für ihn die Bekanntschaft mit einer Schauspielerin, die seine Geliebte wurde. Um Gerüchten entgegenzutreten, zeigte Elisabeth sich häufig mit der Schauspielerin in der Öffentlichkeit. Obwohl man Elisabeth selbst eine Affäre mit dem ungarischen Grafen Gyulia Andrassy nachsagte, ist das sehr unwahrscheinlich. Elisabeth hatte vermutlich gar kein Interesse an körperlicher Liebe und ihr Ehrgefühl und ihre Erziehung hätten ihr den Ehebruch verboten.

Kaiserin Elisabeth war eine sehr sportliche Person. Vor allem das Reiten gehörte zu ihren Passionen und sie bestritt Dressurturniere ebenso wie wilde Jagden in England. Noch heute gilt sie dort als eine der berühmtesten Jagdreiterinnen aller Zeiten. Gesundheitliche Probleme führten allerdings dazu, dass Elisabeth das Reiten aufgeben musste. Der Grund war vermutlich ihr Schönheitskult: Von ihren Zeitgenossen als eine der schönsten Frauen der Welt bezeichnet, sah Elisabeth sich in der Verpflichtung, ihrem Ruf gerecht zu werden. Nur eine einzige Friseurin durfte ihre Haare anrühren und die Pflege der Haare nahm einen ganzen Tag in Anspruch. Elisabeth soll regelrechte Wutausbrüche gehabt haben, wenn sich in ihrem Kamm lose Haare fanden.

So streng wie Elisabeth mit ihrem Haar war, war sie auch mit ihrer Figur. Nicht nur, dass sie grundsätzlich wenig aß; ihr Speiseplan bestand darüber hinaus nur aus Orangen, Eiern und Milch. Nur hin und wieder gönnte sie sich ein Veilcheneis oder trank den Saft von ausgepresstem Kalbfleisch. Dreimal am Tag ließ sie sich wiegen und niemals durfte die Waage mehr als 50 Kilogramm anzeigen – bei einer Körpergröße von 172 Zentimetern. Wenn sie doch einmal etwas Ungesundes naschte, trainierte sie es sich sofort danach an Turnringen wieder ab oder unternahm stundenlange Gewaltmärsche. Mehrmals versuchte Elisabeth ihre Magersucht durch Kuraufenthalte zu heilen – vergebens.

Im Juli 1898 unternahm Elisabeth eine Reise nach Bad Nauheim, wo sie ihr Herzleiden kurieren wollte. Es war vermutlich durch die offensichtliche Magersucht der Kaiserin verursacht worden. Elisabeth hielt die Kur aber nicht durch, sondern brach Ende August zum Genfer See auf, wo sie sich mit einigen Freundinnen traf. Auf dem Weg zum Schiff, das bereits für eine Weiterreise der unsteten Kaiserin bereitstand, wurde Elisabeth von dem Italiener *Luigi Lucheni* angegriffen, der ihr eine angespitzte Feile ins Herz rammte. Die Wunde war so klein, dass die Kaiserin erst keine Verletzung bemerkte und noch an Bord des Schiffes ging, ehe sie zusammenbrach und kurze Zeit später zurück in ihrem Hotel starb. Lucheni selbst dachte, nur eine Gräfin angegriffen zu haben, von der er am Tag zuvor in der Zeitung gelesen hatte.

1914 – Soldaten des Ersten Weltkriegs legen ihre Waffen zum Weihnachtsfrieden nieder

Der Erste Weltkrieg war zweifelsohne einer der schrecklichsten Kriege in Europa. Im Westen wie im Osten kämpften Deutsche, Russen, Engländer, Franzosen und andere Nationen gegeneinander. Der kleine Soldat hatte bei diesem Geschehen nicht viel Entscheidungsgewalt, sondern hatte streng zu befolgen, was ihm befohlen wurde. Doch am Heiligen Abend des Jahres 1914 kam es zu einer kleinen Revolution.

Ausgelöst wurde der Erste Weltkrieg durch ein Attentat. Der österreichische Kronprinz Franz Ferdinand war mit seiner Gattin in Serbien unterwegs und wurde dort ermordet. Das mächtige Kaiserreich, mit Deutschland an seiner Seite, erklärte daraufhin Serbien den Krieg. Da Österreich und Serbien mit zahlreichen Nationen Bündnisse geschlossen hatten, wurden auch andere, eigentlich vollkommen unbeteiligte Länder, mit in den Krieg gezogen.

Gerade in der ersten Zeit hatten sich in vielen Ländern Europas Freiwillige gemeldet. Man war fest davon überzeugt, dass der Krieg nur einige Monate dauern würde. Bald mussten die Soldaten aber ernüchtert feststellen, dass die Konflikte sich wohl doch nicht so einfach lösen lassen würden. Völlig neue Waffengattungen, unter anderem erstmalig eingesetzte Massenvernichtungswaffen sorgten für große Verluste und noch größere Frustration und Hoffnungslosigkeit unter den Soldaten.

Es war nichts Unübliches, dass man an Weihnachten Frieden hielt, um Geschenke von zu Hause in Ruhe auspacken zu können. Nicht selten kam es sogar vor, dass verfeindete Soldaten miteinander am Lagerfeuer saßen und ihre spärlichen Rationen teilten. Doch die kriegsführenden Mächte wollten ihren Soldaten keinen Frieden gönnen, sondern die Feinde auch über die Weihnachtsfeiertage drangsalieren. An den meisten Fronten wurde der Befehl auch verfolgt. Gerade an der Westfront, wo die Deutschen gegen England kämpften, lagen die verfeindeten Gräben aber sehr dicht beieinander. So konnten die Soldaten spontan durch Rufe einen Waffenstillstand ausmachen, der über die Weihnachtsfeiertage andauern sollte.

Der Weihnachtsfrieden wurde allerdings nicht nur genutzt, um Geschenke und Briefe von daheim auszupacken. Jetzt war es den Soldaten auch möglich, ihre auf dem Feld gefallenen Kameraden zu bergen, ohne dabei beschossen zu werden. Insgesamt nahmen etwa 100.000 Menschen am Waffenstillstand teil. Es waren größtenteils Deutsche und englische Soldaten. Sie kämpften auf fremdem Land und hatten deshalb keine größeren Verluste, die sie ihren Gegnern vorwerfen konnten. Ganz im Gegensatz zu den Franzosen und Belgiern, die unter diesem Krieg sehr zu leiden hatten. Obwohl die Soldaten hier eindeutige Befehle verweigert hatten, gab es für den Waffenstillstand keine Konsequenzen. Er wurde allerdings auch nicht in der Presse erwähnt, so dass die Öffentlichkeit nur durch Erzählungen davon erfuhr. Erneute Versuche in den folgenden Jahren, erneut einen Weihnachtsfrieden zu halten, wurden von den Offizieren aber nicht mehr geduldet.

25. Dezember – der erste Weihnachtstag

336 – Zum ersten Mal wird im Abendland Weihnachten gefeiert

Es dauerte nicht lange, bis nach der Kreuzigung Jesu das Christentum entstand. Etwa 300 Jahre lang hatte diese neue Religion den römischen und griechischen Göttern aber nicht viel entgegen zu setzen; die ersten Christen wurden als Anhänger einer Sekte betrachtet, verfolgt und unter qualvollsten Methoden hingerichtet. Einen „Durchbruch“ erlebte der christliche Glauben, als ein römischer Kaiser nach einer siegreichen Schlacht ein Zeichen Gottes am Himmel gesehen haben will und daraufhin zum Christentum übertrat. Seitdem spielte diese Religion auch bei den römischen Kaisern eine wichtige Rolle und wurde etwa 100 Jahre später zur Staatsreligion erklärt. Etwa zur selben Zeit legten die Kaiser den Ehrentitel

„*pontifexmaximus*" ab, um ihn auf den Vertreter Jesu auf Erden, den Papst zu übertragen.

Im Jahr 274 feierte der römische Kaiser Aurelian das Fest des *Sol Invictus*, des Sonnengottes, der daraufhin nach und nach die übrigen römischen Götter ablöste. Einige Historiker gehen heute davon aus, dass mit dem am 25. Dezember gefeierten Fest der Grundstein für das heutige Weihnachtsfest gelegt wurde. Doch es dauerte noch gut 60 Jahre, ehe spätestens im Jahr 336 zum ersten Mal nachweislich das Weihnachtsfest gefeiert wurde. Der Chronik des Historikers *Furius Dionysus Filocalus* verdanken wir dieses Wissen. Der 354 entstandene *Codex* beschäftigt sich mit zahlreichen Facetten der Astrologie und der christlichen Religion.

800 – Krönung Karls des Großen zum ersten, deutschen Kaiser; Das Weihnachtsfest wird Feiertag

Der 25. Dezember 800 war für das fränkische Reich ein besonderer Tag, denn an diesem Tag ließ sich Karl der Große durch Papst Leo III. in Rom zum ersten römischen Kaiser krönen. In dieser Aufgabe galt er – in Tradition der alten römischen Kaiser – als Beschützer des Papstes und fühlte sich daher auch dafür verantwortlich, den christlichen Glauben im Reich zu stärken. Aus diesem Grund erließ er unter anderem den Befehl, dass jeder Bürger im Reich das Vaterunser kennen sollte, außerdem stellte er die Verunglimpfungen des Christentums unter Todesstrafe. Zur selben Zeit machte er aus dem bisher eher inoffiziell gefeierten Weihnachtsfest einen für alle Menschen im Heiligen Römischen Reich verbindlichen Feiertag. Das war prägend für ganz Europa, denn neben Deutschland gehörten zur dieser Zeit auch die heutigen Niederlande, Belgien, Luxemburg, Frankreich, Nordspanien, Polen, Tschechien, Kroatien, Ungarn, Italien, die Schweiz und Österreich zum Kaiserreich.

1066 – Wilhelm I. der Eroberer wird zum König von England gekrönt

Es gibt viele bedeutende, englische Könige. Doch selbst, wenn Wilhelm I., genannt *„Der Eroberer"* nicht an Weihnachten zu seinem Titel gekommen wäre, wäre er eine besonders herausragende Figur der englischen Geschichte gewesen. Wilhelm wurde im Jahr 1027 in Falaise in der Normandie geboren. Sein Vater war Herzog, seine Mutter allerdings nur die Tochter eines Gerbers. Wilhelm selbst war illegitim und wurde daher auch „der Bastard" genannt. Im Jahr 1034 ins Heilige Land pilgerte sein Vater ins Heilige Land und ließ mangels eines geeigneteren Sohnes Wilhelm zu seinem Nachfolger ernennen. Als Robert jedoch starb, musste der frischgebackene Herzog der Normandie sein Recht gegen zahlreiche Gegner verteidigen. Er war erfolgreich und stieg zu einem der mächtigsten Herzöge auf, die es in Frankreich je gegeben hatte.

Im Jahr 1042 regierte in England *Eduard der Bekenner*, der seinem Land zwar viel Gutes tat, aber keinen fähigen Erben vorweisen konnte. Daher versprach er der Geschichte nach seinem Cousin Wilhelm, ihn nach seinem Tod zu seinem Nachfolger auf dem englischen Thron zu machen. Der König Godwin von Wessex (so groß war England damals noch nicht) hatte allerdings ebenfalls Interesse am gesamtenglischen Thron. Zwar starb er vor Eduard, doch sein Sohn Harold erbte die ehrgeizigen Ambitionen und krönte sich nach Eduards Tod zum König.

Wilhelm war nicht nur wegen des gebrochenen Versprechens Eduards ziemlich erbost, sondern soll auch generell sehr jähzornig gewesen sein. Deshalb begann er im Jahr 1066 damit, Truppen um sich zu scharen und eine Eroberung Englands in Angriff zu nehmen. König Harold hatte keine Chance. Während Wilhelm sich in der Normandie sammelte, fiel der norwegische König Harald Hardrade im Norden Englands ein, so dass König Harold in einem Gewaltmarsch dorthin eilen musste, um sein Land zu verteidigen. Als Wilhelm schließlich in England einfiel, begegnete ihm kaum noch Gegenwehr. In der Schlacht bei Hastings im Oktober 1066 standen sich Wilhelm und Harold schließlich gegenüber, wo Harold getötet wurde. Nach altem englischen Brauch ließ er sich schließlich am 25. Dezember in der *Westminster*

Abbey zum König krönen. Zur Sicherung seiner Herrschaft und dem Schutz der Engländer vor den Wikingern errichtete er unter anderem den *Tower of London*. Nur drei Jahre dauerte es, bis er fast den ganzen Bereich des heutigen Englands unter seine Herrschaft gebracht hatte. Wie grausam er sein konnte, bewies Wilhelm der Eroberer im Jahr 1069, als er die komplette Grafschaft Yorkshire verwüsten und mit Mann und Maus töten ließ, um den feindlichen Dänen hier keine Lebensgrundlage mehr zu bieten – für die Bewohner Yorks war es von jeher eine Tradition gewesen, die Dänen gegen den englischen König zu unterstützen.

Um die Staatsfinanzen zu sanieren erteilte Wilhelm an Weihnachten im Jahr 1085 die Erstellung des *Domesday Books*, in dem das Vermögen jedes einzelnen englischen Bürgers zur Berechnung der Steuern festgehalten wurde – dieses Buch hat heute für Historiker unschätzbaren Wert. Allerdings machte Wilhelm sich damit nicht gerade Freunde unter seinen Vasallen und so verbrachte er den Rest seines Lebens damit, sich ihnen und seinen widerspenstigen Söhnen gegenüber durchzusetzen. Vermutlich nach einem Reitunfall lag Wilhelm mehrere Tage unter qualvollsten Schmerzen im Sterben. Am 9. September 1087 starb er. Bestattet wurde er allerdings nicht wie seine Nachfolger in der Westminster Abbey, sondern in der Abteikirche von Saint-Etienne im französischen Caen.

1644 – Das Parlament verbietet Weihnachtsfeiern in England

Etwas abstrus mutet es schon an, diese hierzulande kaum bekannte Episode der englischen Geschichte. Das Verbot der Weihnachtsfeierlichkeiten durch das englische Parlament im Jahre 1644 wurde von den unter Oliver Cromwell vereinigten Puritanern durchgesetzt und sollte während des gesamten sogenannten *Interregnums*, der kurze Periode der englischen Geschichte, in dem das Land von keinem König beherrscht wurde, durchgesetzt werden. Doch warum wurde grade das Weihnachtsfest durch die puritanische Reformation verboten und welche historischen Ereignisse haben diese Entwicklung begünstigt?

Als in England 1644 per Gesetz sowohl die Teilnahme an der Weihnachtsmesse als auch die traditionell zum Weihnachtsfest gehörenden Feierlichkeiten verboten wurden, wurde England offiziell noch von Karl I. regiert, einem Enkel von Maria Stuart, der während seiner gesamten Herrschaftszeit aufgrund seiner absolutistischen Ansichten immer wieder in Konflikt mit dem englischen Unterhaus geriet. Höhepunkt dieser langen innenpolitischen Krise dürfte wohl die von 1629 bis 1640 andauernde Aussetzung des Parlaments gewesen sein, das schon damals über zahlreiche puritanische Mitglieder verfügte. Nachdem Karl für seinen Krieg gegen Schottland neue Mittel beschaffen musste, setzte er 1640 das Parlament wieder ein und verhalf damit Oliver Cromwell, Führungsfigur der Opposition im Unterhaus und sein schärfster Gegner, zu weitreichendem Einfluss. Karls Versuch, 1642 einen Staatstreich gegen die Opposition durchzuführen, scheiterte und war Auslöser für zwei Bürgerkriege, die bis 1649 dauern sollten und ihn schließlich den Kopf kosteten. Für das Verbot des Weihnachtsfestes während der Amtszeit des Lordprotektors Cromwell gab es verschiedene Begründungen, die überwiegend in den religiösen Vorstellungen der puritanischen Protestanten wurzelten. Insbesondere die mit den Feiertagen verbundenen Feierlichkeiten – die Arbeit ruhte und das Fest wurde mit üppigen Festessen, Alkohol und Tanz begangen – waren den Puritanern ein Dorn im Auge. Zusätzlich sah man in den vom Katholizismus, der bis zu den Suprematsakten im Jahre 1534 Staatsreligion war, übernommenen Feiertagen eine Bedrohung der Reformation und der Unabhängigkeit Englands von der Kirche Roms. Die Puritaner versuchten deswegen – offensichtlich ohne großen Erfolg, denn auch während des Interregnums wurde das Weihnachtsfest von vielen Menschen im Geheimen gefeiert – das Beten und Fasten als angemessene Verhaltensweisen für die alten Feiertage durchzusetzen.

Mit dem Tod Cromwells und der Rückkehr Karl II. aus dem Exil wurden die von den Puritanern verordneten Gesetze aufgehoben.

1758 – der Halleysche Komet kehrt zurück

Als der englische Astronom Edmond Halley 1705 errechnete, dass es sich bei den 1531, 1607 und 1682 beobachteten Himmelskörpern um ein und den selben Kometen handeln musste, stand der Beweis für seine Entdeckung noch aus. Halley sagte das nächste Erscheinen des Kometen für das Jahr 1758 voraus, starb jedoch, bevor das Ereignis eintreten sollte. Am 25. Dezember des Jahres 1758 beobachtete der Dresdner "Bauernastronom" Johann Georg Palitzsch (er war neben seiner naturwissenschaftlichen Tätigkeit auch als Landwirt erfolgreich) um sieben Uhr morgens das selbe Phänomen und bestätigte damit Halleys Prognose: Es stellte sich ferner heraus, dass der in der Folge Halleyscher Komet genannte Himmelskörper möglicherweise bereits seit dem Jahre 240 v. Chr. in regelmäßigen Abständen beobachtet werden konnte und im Übrigen in einigen Kunstwerken von Weltrang, darunter der *Teppich von Bayeux* (spätes 11. Jahrhundert), dargestellt wird.

Zuletzt konnte der Halleysche Komet 1986 von der Erde aus beobachtet werden. Verschiedene Raumsonden, von denen die ESA-Sonde "Giotto" (benannt nach dem italienischen Maler Giotto di Bondone, 1266 – 1337) die erfolgreichste sein sollte, wurden damals in den Weltraum geschossen, um den Kometen aus der Nähe zu untersuchen. Über die Größe und die Beschaffenheit des Halleyschen Kometen konnte man auch durch diese Maßnahme genauere Erkenntnisse gewinnen. Man geht davon aus, dass der Halleysche Komet gegenwärtig ein Volumen von über 420 km^3 hat und überwiegend aus Wasser (80%) und Kohlenmonoxid (10%) besteht. Da der Halleysche Komet durch Sonneneinstrahlung allmählich an Materie verliert (insbesondere in Sonnennähe werden Staub und Gas aus dem Kometenkern gelöst), nimmt seine Leuchtkraft mit jedem Erscheinen in Erdnähe sichtbar ab. Diese freigesetzten Stoffe sind auch für den kometentypischen Schweif verantwortlich. Zum nächsten Mal wird der Halleysche Komet von der Erde aus im Jahre 2061 sichtbar sein.

26. Dezember – der zweite Weihnachtstag

2004 – Ein durch ein Seebeben ausgelöster Tsunami im indischen Ozean tötet mehr als 230.000 Menschen

Leider lässt sich das Weihnachtsfest nicht nur mit positiven Ereignissen in Verbindung bringen. Mehr noch – eine der schlimmsten Naturkatastrophen des ja noch sehr jungen 21. Jahrhunderts ereignete sich ausgerechnet an diesem Tag. Es handelt sich dabei um einen durch ein Erdbeben ausgelösten Tsunami, der innerhalb weniger Stunden über 230.000 Menschen das Leben kostete.

In der Nacht des 26. Dezembers um exakt 0:58 Uhr kam es im Indischen Ozean vor der Insel *Sumatra* und weiteren Inselgruppen zu einem unterirdischen Erdbeben. Entlang der indisch-australischen Platte befindet sich an dieser Stelle eine 1.000 Kilometer lange Bruchzone, die sich jedes Jahr um ungefähr sieben Zentimeter nach Nordosten verschiebt. Dadurch entsteht ein großer Druck auf die eurasische Platte, der schon zwei Tage vorher ein kleineres Erdbeben ausgelöst hatte, das wiederum das große Beben vom 26. Dezember verursachte. Mit einer Stärke von 9,1 auf der Richterskala war das Erdbeben das stärkste Beben im indischen Ozean, das man seit 1924 gemessen hatte. Die Kraft des Erdbebens entspricht ungefähr der Energie von 475 Megatonnen TNT und ist damit eines der stärksten Beben in der Geschichte.

Durch das Erdbeben wurde ein Tsunami ausgelöst, bei dem das Wasser sich erst von der Küste zurückzieht, um dann in bis zu sechs riesigen Flutwellen zurückzukehren. Das Wasser zog sich dabei so weit zurück, dass im Meer badende Menschen, aber auch Schiffe auf das offene Meer gezogen wurden und dann mit voller Wucht zurück auf das Land prallten. Autos, Trümmer von Häusern und Wasser bildeten eine tödliche Masse, die sich in rasender Geschwindigkeit ins Landesinnere wühlte und alles mitriss, was sich ihr in den Weg stellte.

Wie viele Menschen bei dem Tsunami tatsächlich ums Leben kamen, ist unklar. Um eine Seuche zu verhindern, wurden die meisten Opfer sehr schnell beerdigt. Dennoch konnte nicht verhindert werden, dass durch das verschmutzte Meerwasser viele

Trinkwasserquellen in den betroffenen Gebieten unbrauchbar gemacht wurden. Zahlreiche Menschen starben an dieser indirekten Folge der Naturkatastrophe.

Nützliche Links zum Weihnachtsfest

www.ich-will-weihnachten.de – das ist mein Blog. Schaut doch mal vorbei ☺

www.krippenhaus.com – der Onlineshop der nettesten Krippenverkäufer der Welt. Was nicht im Shop vorhanden ist, organisieren sie Euch – notfalls bauen sie es auch selbst.

www.burg-satzvey.de – eine märchenhafte Burg in der Eifel mit lateinischem Krippenspiel

Printed by Books on Demand GmbH, Norderstedt / Germany